岩本 慧悟
Iwamoto Keigo

藤澤 優
Fujisawa Masaru

著

人材と組織を理解するための道具箱

実践 | ピープル アナリティクス

People Analytics

ピープルアナリティクス & HR テクノロジー協会

編

日本能率協会マネジメントセンター

はじめに

　近年、企業においては人材の採用や育成、退職、あるいは組織状況の改善に至るまで、企業ではたらく「人々」に関する様々な問題を解決するために、「データ」を活用しようという動きが活発化している。このような取り組みは「ピープルアナリティクス」と呼ばれ、主に企業の人事担当者を中心にその推進に取り組まれてきた。

　筆者らは、企業の人事や研究員の立場から、このピープルアナリティクスの推進に関わってきた。人材の採用や退職、組織の問題解決に至るまで、データをどのように収集し、活用すれば良いかについて多くの実践を重ね（当然失敗もし）、その実践の一般化に向けて様々な企業担当者と議論を行い、ピープルアナリティクスの推進の方法論を具体化することに努めてきた。本書は、その実践と議論の積み重ねの結果をふまえ、"これまでとは異なる"推進の考え方やノウハウを凝縮したものである。

　では、何が"これまでとは異なる"のだろうか。反省すべきことに、私たちがこのピープルアナリティクスに関わり始めた時には、数値で表現されるデータあるいはそのデータ分析の技法を通じて、企業における人材と組織の課題を容易に解決できるのではないか、という純粋な期待と慢心があった。確かにデータによって、問題の解決ができる場面もある。それは企業や人事、問題の当事者でもある人材や組織にとって大きな恩恵をもたらしたことも事実であろう。しかしながら、同時に人材と組織は、人間の人生や思惑が複雑に絡み合う、多様で変化に富む、それでいて重厚で深甚な存在でもある。その諸問題を数値として表現されるデータ「だけ」で全てどうにかしようというのもなかなか難しいということも経験から学んだ。机の上で一日中数値（データ）とにらめっこをする以外で、私たちにできることは何もないのか。もしかしたら、数値で表現されるデータ以外のデータも活用できるのではないか、と考え始めた。無論、これまでの数値で表現されるデータの活用も諦めない。今のピープルアナリティクスの在り方を否定するのではなく、既存のアプローチを補強する形で数値以外のデータの活用についても整理を行い、

ピープルアナリティクスをより役立つ取り組みへと昇華させることを、本書は試みている。

この試みについて、本書は「実践」的な内容を目指している。本書の副題でもある「道具箱」に込めた思いとして、ピープルアナリティクスを実務において「役立つ」方法論に仕立て上げたいと考えている。無論、今までの方法が役に立たないというわけではなくこの取り組みをより実践に役立つ強力な道具として磨き上げることを、本書では目指している。

この「実践」には二つの思いを込めている。一つは、「活用できるものは何でも活用したい」という思いである。人材と組織は複雑で、絶えず変化する。そして、相手は人間であるために、慎重かつ丁寧な判断が求められる。そうした中で、職場の問題の解決を急ぐのであれば、数値のデータの活用だけに留まらず、使える情報は全て活用した方が良いという考え方である。もう一つ、「誰でもできる取り組みでありたい」という思いもある。ピープルアナリティクスは、これまで人事部門が取り組むべきものとして、論じられることが多かった。人材と組織のデータは人事部門に集まってきやすく、その成長や変化に責任を持っているからこそであろう。一方で、人材と組織により良い変化を望む人は人事部門だけではない。組織のリーダーや一人の社員であっても、その変化を願ってやまない人々は大勢想定される。そうした人々でも取り組める可能性を切り開くことも、重要だと考えている。ピープルアナリティクスは、人事部門だけの特権ではなく、人材と組織について深く理解し、少しでもよくしたいと考えている全ての人にとって大事な方法論になる可能性もある。

その「大事な方法論」としてピープルアナリティクスを定位するために、本書は次のようなスタンスを取っている。まず、これまでと異なるアプローチを提言する試みであるため、自分たちの経験だけで語りきることはせず、様々な分野で研究、実践されてきた知見を借りながら話を展開する。文中、様々な文献や論文等を参照しながら論を組み立てているが、これらはそのままブックリストとして読んでいただけるよう各章の末尾に掲載をしている。より詳細に学びたい、理解を深めたいという

読者の皆様は、ぜひそうした関連する文献にもあたっていただきたい。

　また、本書は「企業の中で、一担当者としてピープルアナリティクスを実際にやってみたい」という方を対象に構成している。ピープルアナリティクスを推進する際に、社外のコンサルティング企業に助けてもらうやり方も考えられるが、本書は社外の方の関わり方の指南書としてではなく、企業の中でピープルアナリティクスを推進し、組織化するためのアイデアを紹介している。既に述べた通りだが、その場合、人事だけがこのピープルアナリティクスを実践するものである、という固定観念にとらわれず、極力誰でもそのモチベーションがある人であれば実践できるよう、考え方やノウハウを盛り込んでいるのも本書の重要な特徴である。

　最後に、本書は「実践」に向けた入門書である。各章をご覧いただきながら、「こんなデータ収集や分析の方法もあるのか」「これは実務で活用できるかもしれない、やってみたい」と思っていただけるよう、データ収集や分析のポイント、落とし穴に至るまで、かいつまんで紹介しているのも本書の特徴である。良くも悪くも、それぞれの方法は概要や要点のみの紹介に留まっているため、より専門的に収集や分析を実践されたい場合には、参考文献・論文をはじめ、様々な学習教材を通じてより発展的に知識やスキルを身につけていただけると幸いである。

　本書は以下のような構成で展開する。

　第1章では、"これまでと異なる"ピープルアナリティクスの在り方について、新しい定義を示している。これまでのピープルアナリティクスはどのような取り組みとして定義されていたのか、その特徴と課題を整理しながらも、特にその課題を補う新しい観点を、様々な学術・実践分野の知見を援用しながら提示することがこの章の目的である。

　第2章では、新しいピープルアナリティクスの定義に沿って、私たちが集めるデータの範囲を拡張する。数値として表現されるデータに加えて、「そうではないデータ」も含めたデータ収集の考え方を示す。いきなり分析から入ろうとするのではなく、データを集めること自体もピー

プルアナリティクスの重要な要素であることを再確認する。

第3章では、これまでも、そしてこれからもピープルアナリティクスにとって重要な、数値として表現される、いわゆる「量的」なデータを集めるための具体的な方法について紹介する。特に実務でも使われることの多い、サーベイの設計や分析に焦点を当てており、今すぐにでも担当者が人材や組織理解のための「量的」なデータ活用の一歩を踏み出せるよう、アイデアをまとめている。

第4章では、量的なアプローチとは異なるデータ収集や活用のアプローチについて紹介する。ここで多くを付言してしまうと、ネタバレになってしまうため詳細はあえて控えるが、このアプローチと量的アプローチの融合を試みることこそが、本書のテーマでもある。先人の考えや事例をこの章で学びながら、より誠実に・正確に人材と組織に近づくことができるような実践イメージを持ってもらえると嬉しい。

第5章では、3章と4章のアイデアが実務においてどのように組み合わされるのかといった具体的なケースを紹介する。私たちのねらいは「量的」アプローチともう一つのアプローチを独立した方法として位置づけることではなく、両者を統合して実務上の便益を最大化することである。まさに、合わせ技一本で両者を実務に応用できることが重要であり、幾つかの現実的なケースを通じて、学びを深めていく。

第6章では、そうした1章から5章までのアプローチを実務として推進しようとしたときに、どのような戦略をもって組織的な活動ができるのかを考察する。組織としてこの方法を推進していくために解決すべき論点を整理・検討し、今後この推進を加速・拡大したい担当者の背中を押すことを目指している。

私たちは、このピープルアナリティクスという取り組みが、当たり前のように実務の中に存在することを願ってやまない。そうした思いをもって本書を企画、執筆した。本書を読み終えた後には、読者の皆様のピープルアナリティクスへの関心が一層高まっており、本書に書かれているアイデアの一つや二つをやってみたいと思ってもらえると幸いであ

る。一方で、本書の提案はまだ挑戦的な内容も多く、当然に調整や修正が必要な部分もあるだろう。そのため、本書がきっかけとなって、ピープルアナリティクスの在り方に関する議論が一層盛り上がることも期待している。その推進の道のりは簡単なものではないかもしれないが、読者の皆様と一緒に試行錯誤をしながら、「大事な方法論」として確立することを目指したい。

第6章 ピープルアナリティクスの組織化

付 録

ピープルアナリティクスの
定義

この章では、ピープルアナリティクスの在り方を再定義する。なぜ、改めて再定義をしようと考えたのか。著者らは、ピープルアナリティクスに取り組む企業担当者の方に参加いただき、その取り組みの「実践」に関する研究会を何度も開催してきた。その中で、ピープルアナリティクス担当者の苦悩や混沌を目の当たりにしてきた。自らも、一企業の一担当者として様々に挑戦し、多くの失敗をしてきた経験から、既存のピープルアナリティクスの在り方は現況から少しばかりの調整が必要ではないか、と考え始めたのがきっかけである。本章の再定義を通じて、ピープルアナリティクスを企業において、あるいは企業の人材や組織のために、これまで以上に「役立つ」取り組みにしたいという思いがある[1]。

　先に述べておくと、その再定義された内容は非常にシンプルである。もしかしたら、あまりにも当たり前すぎて既に実践の渦中にある人もいれば、「今更そんな分かりきったことを……」と思われる方もいるかもしれない。しかしながら私たちは、これから提案するそのシンプルな世界にこそ、ピープルアナリティクスが「役立つ」可能性が大いに秘められていると考えている。その可能性を解き放つことこそが本章の試みである。

　本章ではまず、これまでのピープルアナリティクスがどのような取り組みなのか、その取り組みについて体系的にまとめられた文献や論文の定義、事例を参考にしながらエッセンスを抽出する。恐らく、そうした文献や事例を見て、このピープルアナリティクスに関心を持ち、自社で推進を進められてきた方も多いのではないだろうか。そして、中には行き詰った担当者もいるかもしれない。そこで、著者の経験や研究会で聴かれた意見を踏まえながら、そうした定義や事例に基づくピープルアナリティクスを進めようとしたときに起こる苦悩や困難にも触れる。その

---

[1]　裏を返せば、「役に立たない」取り組みにしたくないという思いもある。『データ分析・AIを実務に活かす　データドリブン思考』では、次のように述べられている。「世界で初めての仮説を発見しても、世界で最も精度の高い予測モデルを作っても、それが仕事で使えなければ、ビジネスにおいては無価値」（河本 2022: 20）であるとのことである。結局のところ、ビジネスの中でどのような価値提供が望まれるのか、という観点でピープルアナリティクスも見直される必要がある。

苦悩や困難を乗り越えるべく、様々なピープルアナリティクスと近しい領域の知見をふんだんに取り入れながら、この取り組みについて再定義を行っていくことにする。

1-1 ピープルアナリティクスの定義

　本節では、まず「定義」について確認する。論者によって様々に定義がなされているピープルアナリティクスだが、そこには共通するキーワードや考え方がある。図表1-1は、ピープルアナリティクスに関連する国内外の主要な文献におけるその取り組みの定義、記述を抜粋して整理したものである。

　この中でもよくキーワードに挙がっているのは「データ」であり、その他だと「統計学」やシステム・ツール等の「テクノロジー」に関する表現も併せて語られることが多い。ピープルアナリティクスが活用する「データ」は、『ピープルアナリティクスの教科書』（以下、『教科書』に短縮表現する）によると、様々な種類がある。日々の人事関連業務の過程で蓄積する発令や給与等のオペレーショナルデータに始まり、社員の意見や心情をサーベイで取得したようなセンチメントデータ、さらには社員の性格特性等のパーソナリティデータ、そして特に電子機器やオンライン上で蓄積される社員の行動ログのようなアクティビティデータが例に挙がる（ピープルアナリティクス＆HRテクノロジー協会 2020: 25-26）。このようなデータを、人材マネジメントにおける意思決定の中で活用していく取り組みが、ピープルアナリティクスとして定義される。

　それらの「データ」は共通して統計分析やAIの活用に馴染みやすいよう数値で表現されており、その数値の大小や変化に着目する。いわば「量」の観点から分析しようとしているといえる。例えば、誰がいつどの役職についたか、といったデータはそのフラグをデータとして管理することで集計ができるようになり、毎年の役職者数の変化を「量」の観点から理解できる。よく活用されるサーベイの回答結果は、一定の尺度を得点化することで統計分析に活用され、意見の強弱や変化が「量」的に分かるようになる。文字が並んだテキスト情報であっても、近年では自然言語処理と呼ばれる技術を用いて、キーワードの出現頻度を数え上

図表 1-1 ◆ ピープルアナリティクスに関する書籍や論文における定義

確認できるキーワード

- データ
- データソース
- 情報分野
- 統計学
- 統計分析
- 予測分析
- プロファイリング
- ディープラーニング
- AI
- 行動科学
- 科学的
- 定量
- 収集技術
- 分析技術
- 技術システム
- 情報システム
- 可視化ツール

出典（参考文献に詳細）	定義（太字・下線による強調は筆者）
ピープルアナリティクスの教科書：組織・人事データの実践的活用法	人材マネジメントにまつわる様々なデータを活用して、人材マネジメントの意思決定の精度向上や業務効率化、従業員への提供価値向上を実現する手法
HRテクノロジーで人事が変わる：AI時代における人事のデータ分析・活用と法的リスク	人事データを分析すること、統計分析、ディープラーニング、AI等の分析技術◇人事データを分析すること、科学的（定量＜客観的）に分析◇その分析データ（HRプロファイルなど）を、「戦略人事（経営陣が立てた経営戦略を実現するために必要な人財を供給し続けること）」実現のために活用する三法である
HRプロファイリング：本当の適性を見極める「人事の科学」	ヒューマンリソース（人財）のヒューマンコア、活躍可能性、接し方、勝ちパターン（HRプロファイル）を、頭＜解析＞、心＜定量＜客観的＞に分析し、戦略を実現するために必要な人財となる人財を供給し続けることで実現する三法である
情報技術が人事管理を変える「人材分析学」がもたらす競争優位	…略…。先端企業は、高度なデータ収集技術と分析技術を駆使して、人材から最大の価値を引き出そうとしている。こうした「人材分析学（アナリティクス）」を活用する企業は、社員のやる気の定量化、社員の特性、離職の可能性の分析などの手法により、社員の様々なデータから意識を排除し、人事関連のさまざまな分野で効果的な管理を実現している
People Analytics in the Era of Big Data: Changing the Way You Attract, Acquire, Develop, and Retain Talent	ピープルアナリティクスは、組織の人的資本に関する将来を見据えたビジネス上の疑問に答え、対処するために必要な、企業内外の様々なデータソースの統合と活用される。…（中略）…効果を発揮するためには、従業員調査、経営・労働市場調査、外部データソースなど、組織内の様々な分野を統合・結合することが必要
People Analytics For Dummies	ピープルアナリティクスは、高いレベルで言えば、人に関する経営判断にエビデンスを適用すること。より具体的には、統計学、行動科学、技術などに関して人材戦略の交差点に、ピープル・アナリティクスは営まれる
An evidence-based review of HR Analytics	人事業務プロセス、人的資本、組織パフォーマンス、社外の経済的ベンチマークといったデータを記述的、視覚的に分析するため情報技術を活用すること。これには、分析チームとして個人としてデータ駆動型の意思決定を可能にする人事の取り組み
People analytics―: A scoping review of conceptual boundaries and value propositions	ピープルアナリティクスは、従業員の属性、行動、パフォーマンスに関するデータをよりアクセスしやすく、解釈しやすく、そして活用可能な状態にすることで、組織が労働力を全体として、部門横断チームとして個人として理解することを約束する（Pape 2016）。これには、従業員のプロファイリングとパフォーマンスデータに裏打ちされた、情報システム、可視化ツール、予測分析の利用が含まれる

げたり、テキストのポジティブ・ネガティブ度合いを数値で表現したりすることも可能である。ピープルアナリティクスはまさに「量」的な観点で、人材と組織に関する実態に迫ろうとする取り組みである。本書では、（現行の）ピープルアナリティクスが活用しようとする数量化されたデータを「量的なデータ」と呼ぶことにする。

1-2 分析の四段階

　ピープルアナリティクスは「量的なデータ」を用いて分析を行う取り組みであることが、既存の定義を整理する中で見えてきた。『教科書』によれば、その量的なデータを用いて「人材マネジメントにおける意思決定精度の向上や従業員への提供価値向上」を実現する取り組みとして位置づけられている（ピープルアナリティクス&HR テクノロジー協会 2020: 14）。

　では、具体的にどのように「量」を駆使することで、意思決定精度の向上や従業員への提供価値向上に繋がっていくのか。本節では、ピープルアナリティクスの字面にも含まれている「アナリティクス（分析）」の考え方について整理を行い、その整理に沿って具体的なピープルアナリティクスの事例を見ながら、取り組みの内実を具体的にイメージできるようにする。

　『教科書』では、人事データ活用の段階として、単年集計、経年比較、ベンチマーク比較、要因分析、予測分析というデータ活用のレベルが提示された（ピープルアナリティクス&HR テクノロジー協会 2020）。単年集計や経年比較、ベンチマーク比較は、いわばデータを「可視化（分析）」することで実態に迫ろうとしている。さらに、「要因分析」や「予測分析」のように、取り組みのレベルが上がると高度な分析テクニックを用いることとなる。このレベルになると、一定量のデータや専門スキル、知識が必要になってくるため実行難易度も高くなる。

　Gartner 社のブログ記事では、主にマーケティング分野における「データ分析の段階」について紹介がある（McNellis 2019）。図表 1-2 はその段階について解説したものである。「価値」と「難易度」を軸に取り、それぞれの段階に応じて行われる分析の位相が異なることを表現している。この整理は、ピープルアナリティクスの在り方を整理する上でも参考になるため、まずはこの内容から確認していこう。

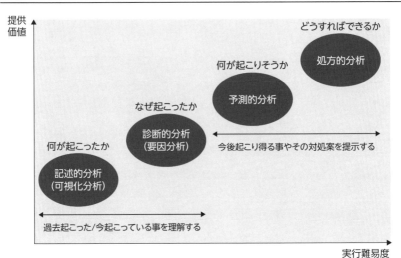

提供
価値

どうすればできるか
処方的分析

何が起こりそうか
予測的分析

なぜ起こったか
診断的分析
（要因分析）

何が起こったか
記述的分析
（可視化分析）

今後起こり得る事やその対処案を提示する

過去起こった／今起こっている事を理解する

実行難易度

※ McNellis（2019）及びピープルアナリティクス& HR テクノロジー協会（2020）を参考に、筆者にて作成

　図表 1-2 における「記述的分析」は、前段で述べた可視化分析と同じ意味であり、過去に何が起こったかをデータから明らかにする分析である。「診断的分析」も要因分析と同じ意味であり、事象がなぜ起こったのかを詳らかにする。これが「予測」に向かうほど実行難易度が高くなっていく点も、『教科書』で提示されたレベルの考え方と同じである。一方、図表 1-2 では、予測の先に「処方的分析」が加わっている。「処方的分析」とは、何が起こりそうかといった洞察を踏まえたうえで、実際にどのようなアクションを取るべきかについてデータから「処方」するような分析の在り方であり、例えばネットショッピングを行っている顧客に対してその人が購入してくれそうな商品を、データをもとに推薦し、購入を促すような取り組みがよく例に挙がる。

　ピープルアナリティクスも、この四つの段階からそれぞれ取り組み事例を確認してみよう。まずは「記述的分析」である。『日本の人事を科学する』では、様々な人事に関するデータの分析事例が紹介されている。可視化の事例でいうと、企業全体の男女賃金格差や昇進パターンの違いについて、属性別の傾向を浮き彫りにした。その結果、特に企業におけ

る女性の評価（昇進）において統計的差別が発生している可能性を明らかにした（大湾 2017）。『人事の定量分析』では、会社の人員構成や賃金水準を時系列や年代等と組み合わせて可視化をすることで、会社の全体傾向を丁寧に把握する方法があることを紹介している（林編 2016）。『教科書』では社員個人のコンディションをサーベイで可視化する事例についても紹介がある。社員に自分のコンディションとチームの状況について答えてもらうサーベイを定期的に配信し、五段階の天気マークで今感じていることを報告してもらう。この回答データの傾向を可視化分析することで、悪い回答結果の社員がいれば人事担当者からフォローを検討する取り組みが紹介されている（ピープルアナリティクス＆HR テクノロジー協会 2020）。このように、丁寧にデータを記述的に可視化するだけでも、十分有用であることがうかがえる。

　さらに、物事の関連性や因果関係を同定しようとする「診断的分析」も豊富に事例がある。『人事の統計分析』は、社員のサーベイデータを回帰分析することで、労働意欲の決定要因を明らかにした（中嶋ほか 2013）。サーベイデータをもとに、社員の制度や処遇に対する主観的な認識をモデルに組み込みながら、その要因を特定する方法は典型的な診断的分析の一例といえる。『教科書』においては、離職者の様々な特性をモデル化し、離職に影響を与えている要因として「上司の能力」が挙がることを特定した事例が紹介されている（ピープルアナリティクス＆HR テクノロジー協会 2020）。このような分析を行うためには、一定規模の要因特定ができるデータを用意することが必要であり、回帰分析や決定木分析、共分散構造分析等の統計分析を活用する場面も多い。

　加えて、統計学や機械学習の手法を活用することで、未来を「予測」するような事例もある。先に取り上げた『日本の人事を科学する』では、将来の女性管理職比率について行列計算から予測を行い、定期的に予測値のモニタリングを行うことが提案された（大湾 2017）。また、『教科書』でも過去の自社の採用候補者のデータをもとに、現在の採用候補者の三年後のパフォーマンスや定着可能性が予測できるようになった事例が紹介されている（ピープルアナリティクス＆HR テクノロジー協会

2020)。『職場の人間科学』では、社員の日々のやり取りに関するオンラインのコミュニケーションデータを分析することで、チームを作る前にどのような問題が起こりそうなのかをシミュレーションする話も紹介されている（Waber 2013=2014）。もちろん予測精度に関する一定の担保が必要だが、私たちはデータを用いて将来起こり得る可能性を理解しながら、より精度の高い意思決定や施策展開を行うことができるようになる。

　最後に、「処方的」な取り組みもピープルアナリティクスでは可能である。例えば、『A Recommendation System for People Analytics』という論文では、ピープルアナリティクスの一環として、適切に仕事を個人に割り当てるための推薦システムのアイデアが提示された（Wang and Katsamakas 2021）。その他にも、社員の興味や関心に関するデータを元に、その人に合った学習コンテンツの推薦をすることも可能である。また、社内公募に応募しようとしている社員に対して、本人の関心に近いオープンポジションの推薦をすることや、会議や予定表のデータを元にその人に合った働き方の推薦を行うことも広くは「処方的」なピープルアナリティクスとして考えても良いだろう。

　このように、「記述」や「診断」に始まり、「予測」や「処方」に至る様々な分析を駆使しながら、人材や組織のための意思決定精度の向上や価値提供の実現に繋げていこうとする取り組みがピープルアナリティクスであり、その取り組みを下支えするエッセンスとして「量的データ」「統計学」「テクノロジー」といったキーワードが、現行のピープルアナリティクスにおいては重視されている。

1-3 苦悩や困難

　ここまで、ピープルアナリティクスは「量的データ」「統計学」「テクノロジー」を活用しながらも、記述的分析から処方的分析までを実施する取り組みであることが整理されてきた。では、この取り組みがどのような企業でも簡単に実施し続けられるのかというとそうではない。著者らが開催してきた研究会でも、ピープルアナリティクスを推進されている企業の担当者から様々な苦悩や困難が聴かれた。本節ではその苦悩や困難を確認しながら、現行のピープルアナリティクスの推進上の課題を明らかする。

　まず、取り組みを始めようとしたときに直面するのが「そもそも人材や組織に関する量的データがない」ケースである。このケースでは、そもそもデータが数量化されていない場合と、それ以前にデータがないという場合が想定される。無論、ないのであれば量的データを集めるしかない。しかしながら、そう簡単にデータを集められるのかでいうと、難しいことも多い。例えば、企業の規模が大きくなればなるほど、社員の意識や行動に関するデータをもれなく収集するコストは大きくなる。正確に物事の実態に迫ろうとすると、一時点のデータのみならず、経年でのデータが必要になってくる場合もあり、分析に耐えうるデータを収集することは、コストや時間の観点で苦労が多い。では、分析に使える量的データがない場合に、ピープルアナリティクスは何もできないのだろうか、という素朴な疑問が湧いてくる。

　加えて「量的データを分析できる人材がいない」といった声も多く聴かれた。特に予測的分析や処方的分析を行おうとすると、アナリティクスやエンジニアリングに関する専門知識が要求されることもあり、そのような人材の不足に頭を抱える。また、記述的、診断的分析であっても基礎的な統計学の知識や分析用のツールの知識が必要であり、ピープルアナリティクスが今すぐに誰でも始められる取り組みかというと、一定

の専門知識が求められることには変わりない。つまり、そのような数理的な専門知識を持っている人材がいない場合には、ピープルアナリティクスは始められない、という可能性もある。

　さらに、ひとまず分析を行ってみたものの「有益なアクションに繋がらない」ケースも悩みとしてよく聴かれる。例えば、業務や健康の状況を確認するサーベイの回答結果をもとに、不調になりそうな社員にフラグを立てるような予測モデルを構築したとする。サーベイ結果をもとに社員が不調になる確率がモデルから出てくるものの、具体的にどのような理由からそのような確率が導かれたのかが分からないため、結局は個別の不調者フォローができないままになってしまう。また、予測モデルだけでは、根本的な不調発生要因の解決には至らないといった観点から、せっかく構築したモデルが無意味となってしまうこともあり得る。このような問題が起こるのは、分析のそもそもの要件定義や当人の分析スキルの問題も当然にあるだろう。また、「不調」という実態について、その発生要因が完全に量的データに集約されていないと、的を射た分析結果が得られず、アクションに繋がりにくくなる。

　主に上記の三つが、研究会でもよく聴かれ、筆者自身もよく経験した苦悩や困難である。それぞれについて、データ分析の要件定義や人材の採用や育成の問題として、「量的データ」の活用の範囲内で、何とか解決する方法はあるかもしれない。しかしながら、本書が提案するのは、ピープルアナリティクスそのものの考え方を見直すことで、特に上記のような推進上の苦悩や困難を"まるっと"乗り越えるようなアイデアである。例えば、データをもう少し広く考えてみると、実は別に集められるものもあるのではないか。そのデータからアクションを導くために、量的なデータを分析すること以外で他にできることがあるのではないか。どのような方法であれ、ある程度の専門知識やスキルが求められるが、誰にでも（それは人事でも、管理職でも、一社員であっても）人材と組織に関するピープルアナリティクスを始められるようなスタート地点があるのではないか。

1-4 理解と実装

　ここまで、ピープルアナリティクスがどのような取り組みなのかを、定義や事例をもとに確認してきた。更に前節では、その推進上の苦悩と困難についても取り上げ、そもそものピープルアナリティクスの考え方を改めることで苦悩や困難を乗り越えることを提案した。では、具体的に、どのように考え方を改めることができるのだろうか。本節では、ピープルアナリティクスが取り組みとしてどのような側面を持つのかを要約しながら、再定義のために必要な論点をおさえていこう。

　まず、ここまでの議論を踏まえて、ピープルアナリティクスという取り組みを「理解」と「実装」の二つの側面から整理を行う。図表1-3は先ほどの分析の段階において「理解」と「実装」が跨る範囲を示したものである。「理解」は記述的、あるいは診断的分析までに関わる側面であり、人材と組織について"何が起こったのか""なぜ起こったか"を

図表1-3 ◆ 分析の四段階における「理解」と「実装」

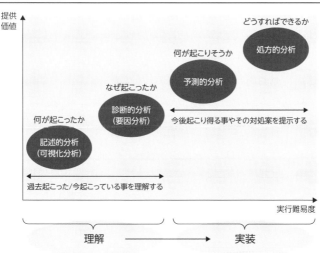

※ McNellis（2019）及びピープルアナリティクス& HR テクノロジー協会（2020）を参考に、筆者にて作成

分析しようとする側面である。一方の「実装」は予測的、あるいは処方的分析に関わる側面であり、"何が起こりそうか" "どうすればできるか"について示唆を得たり、与えたりする。これは、人材と組織に関する意思決定やその他の価値提供を行うプロセスの中に、データ活用を組み込んでいくイメージである。例えば、前述した社員の不調を予測するケースの場合、既存の不調をフォローする仕組みの中に、「社員が不調になりそうな確率」をデータとして組み込むことでフォロー精度の向上が期待できるだろう。つまり、施策の運用やサービス上に、データやその分析結果を「実装」することで価値提供しようとしているわけである。

　ここで重要な点として、「理解」は「実装」に先立つことを強調したい。"何が起こりそうか・どうすればできるか"といったことを考えるためには、人材と組織について "何が起こったのか・なぜ起こったのか"を明らかにする深い理解が重要である。例えば『教科書』では、この点を支持する事例の紹介がある。とある企業では、一足飛びに予測モデルの構築を実施したところ、「理解」の不足によって予測結果に基づくアクションがうまく取れなかったという。本当に重要だったのは記述的分析や診断的分析を通じて人材と組織に関する現状を丁寧に「理解」し、洞察を深めることであったと反省されている（ピープルアナリティクス＆HRテクノロジー協会2020）。また別の観点からも上記の考え方が支持される例がある。人事データ活用における法的・倫理的な要請を取りまとめた『人事データ利活用原則（以下原則）』は、「アルゴリズムのブラックボックス性による無責任なデータ活用観が回避されるよう運用されなければならない」と付言し、拙速に予測や処方を行うことを諌めている（ピープルアナリティクス＆HRテクノロジー協会2022）。これは、予測モデルが自動計算した値を特にその値に関する「理解」なきまま、人材と組織に関わる意思決定に使うことについて警鐘を鳴らしているとも捉えられ、安直に人材と組織に関わる問題において予測や処方に頼ってしまうことを諌めているとも解釈できる[2]。

　では、なぜ「理解」が「実装」に先立つのだろうか。あるいは「理解」がピープルアナリティクスにおいて重要なのか。結論はとてもシンプル

で、この取り組みが、企業における「人材と組織」を対象として行われるからに他ならない。

その人材と組織は、複雑で多様な存在であることは、既に様々な場面で認められている。例えば、『労働・職場調査ガイドブック』の前提が参考になる。その中では「労働」というものが、家族や経営、福祉などの様々な要素との関係が切っても切れないことを「労働の対象多様性」として表現している（梅崎 2020）。これは、人材と組織が従事する労働というテーマが単純ではなく、多様な領域と関連を持ちながら構成される複雑なテーマであることを示唆している。論文「働き方の問い方・とらえ方」では、組織は営利追求という共通の目的がありながら、組織の離合集散、忠誠と反逆が交差する"複雑な現実"があると述べられている。「同じ組織に属していても、個々の構成員の立場によって見えている景色は異なる」（池田 2021: 6）。そこには、同じ企業の中で営利目的という共通目標がありながらも、人材と組織という存在が一枚岩ではないことが読み取れる。

つまり、この複雑性や多様性を無視したまま、量的なデータだけをもって人材や組織の行く末を断定できるかどうか、という点が問われている。まずもって人材一人一人の考えや組織の実態について「理解」を深めることが重要なのも、企業における人材と組織が複雑かつ多様で、一定の配慮が必要な存在であるからこそである。そして、人材と組織が、複雑かつ多様な存在であることを認めると、前述のピープルアナリティクスの苦悩や困難も合点がいく。人材と組織について、その複雑さが全て量的データで解釈できるとは限らないし、そのような限定的な量的データをもって提案されたアクションが効果的とは、なかなかいえないだろう。となると、この人材と組織の複雑性や多様性に応じた、別の考え方が必

2　数理モデルによる予測的分析が、一様に「ブラックボックス」というわけではない。『分析者のためのデータ解釈学入門』では、数理モデルの中には、「変数の働きが理解できる」ものもあり、問題設定やモデルによってブラックボックスかどうかは異なる。そのため、分析者が正しく分析方法を理解することを推奨する（江崎 2020: 261-262）。本書も予測的・処方的分析があまねくブラックボックスであることを強調したいわけではなく、「理解」を前提とした「実装」の在り方の重要性を強調している。

要になってくる[3]。

　ここまでの議論をまとめよう。ピープルアナリティクスには、まず「理解」と「実装」という側面がある。「理解」は前述の分析のレベルでいうところの記述的、診断的分析に関わる側面であり、「実装」は予測的、処方的分析に関わる側面である。そして「理解」は「実装」に先立つ重要な側面である。なぜならば、人材と組織は複雑で多様な存在であり、容易に予測や処方が可能かでいうと難しい場合もある。また、理解なき「実装」による性急な判断が時に、判断を鈍らせたり、法的・倫理的な面でリスクとなり得る可能性もあることから、まずもって「理解」を尽くしつつ「実装」を目指していくような流れが望ましい。この「理解」と「実装」は、前述の通り「量的データ・統計学・テクノロジー」の下支えあってこその側面だが、「理解」に重きが置かれた場合に、量的データだけで本当に複雑かつ多様な人材と組織の問題に向き合うことができるのか、といった素朴な疑問が浮かんでくる。これは、再定義に向けた重要論点であり、次節ではそうした場面でも「できることはある」状態へとピープルアナリティクスを押し上げていくことを試みる。

---

[3]　無論、手元にある量的データをもって人材と組織の複雑かつ多様な実態を把握できていないのであれば、その実態についてより詳細な量的データの収集を追加で行うことも重要である。本書では、そうしたアプローチの重要性も無碍にはしない（後の章では量的データの収集についても付言する）。一方で、量的データでは補足できない現実と向き合わないといけない場合や、収集コストやスピード感の観点で量的データの収集が始められない、難しいことも実務上は多く起こり得る。本書は、そうした場合に備えて、新たなアプローチをピープルアナリティクスに取り込もうとしている。

1-5 「理解」のための質的アプローチ

　ピープルアナリティクスにおいて望ましい「理解」の在り方を具体化する前に、同じ人々の「理解」を目的として、データを収集し、分析する分野の考え方を参照してみよう。例えば、政治学や経済学、心理学、社会学、人類学等の「社会科学」の取り組みは、人々が集まって構成されている社会構造や人々が作り上げた制度、集団の組織力学や個々人の心理に至るまで、様々な人間の営みを研究対象として理解を試みている点からも、そのアプローチの中に何かヒントがあるかもしれない。

　まず、社会学の考え方を参考にしてみよう。筒井淳也は『社会学』において「社会や個人の同質性が期待できず、それが多様な要素の絡み合いによって構成され、変化していくような場合、出来事は一回性の性質を帯び、比較や変化の記述を通じた理解が優先される」（筒井 2021: 44）と述べる。社会や個人は、自然現象でよく見られるような唯一の法則性（例えば、水が沸騰する温度等の法則）を見出しにくい。もしそのような法則が発見できるならば、数理的なモデルを用いて"何が起こりそうか・どうするべきか"について予見することもできるのだが、そうはできないからこそ、（特に社会学は）データや言葉による丁寧な現象の記述を通じて、出来事への理解を深めようとしている、という論旨である。

　人類学からもこれに近い考え方が示されている。『アンソロ・ビジョン』においては、まずもって人間は「試験官に入れられる化学物質でもなければ、AI プログラムに投入できるデータでもない」とし、人間の在り方の多様性を尊重する。その上で、ビッグデータは「何が」起きているかを説明できるが、「なぜ」起きているかは説明できないとして、データだけで全てを把握しようとするのではなく、人類学でするような「観察」や「人の話を聴く」といった取り組みを通じて、現前する事象に「解釈」と「意味付け」を行っていくことも、人間理解においては有効であるとした（Tett 2021=2022）。社会学や人類学では、研究対象である人々

ついて、数理的なモデルやAIプログラム「だけ」で、その理解をしようとすることについて慎重である。それはシンプルに人々が複雑で多様な存在だからだと解釈できる。

　ビジネスシーンに目を向けると、「マーケティングリサーチ」も人々を「理解」して商品開発や販促に活かそうとする営みである。日本マーケティングリサーチ協会によれば、マーケティングリサーチは「企業や団体、政府等の意思決定を支援することを目的として、統計学および社会科学、行動科学、データサイエンス等の理論または手法を用いて、個人または組織に関する情報を体系的に収集し、分析し、解釈すること」（日本マーケティングリサーチ協会 2017）と定義される。統計学に限らず、社会科学や行動科学等、様々な考え方や手法を柔軟に取り入れている点が特徴として挙げられよう。数量データのみならず、グループインタビューや実験、参与観察といった調査結果を「言葉」で表現するような手法も頻繁に利用されている（田中編 2010; 島崎編 2020）。

　ピープルアナリティクスが量的データの活用という次元に留まる場合には、既に出てきたキーワードでもある「統計学」や「テクノロジー」との結びつきを大事にすることになるだろう。しかし、本当にピープルアナリティクスでやりたいことは、人材と組織の「理解」であると捉えてみると、統計学やテクノロジーの活用を大事にしながらも、新しい方法論への視座が開ける。同じ「理解」を目指す社会科学やマーケティングリサーチでよく用いられるような「理解」の方法を、ふんだんにピープルアナリティクスに輸入できるようになる。その「理解」の方法とは何か。本書では、量的データの収集や分析に関心がある「量」的なアプローチとの対比から、人々に話を聴いたり、現場を見に行ったりした情報を活用するような「質的アプローチ」及びそのアプローチによって収集された「質」的データの活用に注目する[4]。

---

[4]　これ以降、本書で「データ」と表現する際には、「体系的に集められた、現実の世界に関する情報の一部」（King et al. 1994=2004: 27）を意味することとする。これには量的データもあれば、それ以外の分析に活用できる全ての質的なデータも含まれる。

本書で想定する質的アプローチのイメージを掴む上では、『質的社会調査の方法』の定義が参考になる。同書では、質的アプローチを「数字を使わない調査」と表現する。質的アプローチは「人々の行為や相互行為、あるいはその『人生』には、必ず理由や動機が存在する」ことを前提に、その理由や動機の記述を行うことによって、人々の行為の理解を深めることを目指している（岸ほか 2016: 31）。その方法には、インタビュー、聞き取り調査、参与観察、歴史的資料や新聞記事の収集等が含まれるとして、質的データは「会話、動画、写真、インタビュー、手記、新聞記事、行政文書など、ありとあらゆるものがデータ」になる（岸ほか 2016: 21）。

マーケティングリサーチでも、この質的アプローチは多用される。『マーケティングリサーチ入門』では、この質的アプローチは数字というよりも、言葉やその意味において消費者を理解し、消費者の思考や行為の理由、原因を理解するための調査方法として定位される。また、重要な点として量的アプローチと質的アプローチはいずれかの方法を実施すれば十分というわけではなく、両方をうまく組み合わせることで十分な成果に繋がるとされている（田中編 2010: 10）。

『労働・職場調査ガイドブック』は、はたらく人々の実態を「理解」するための様々な調査方法を提示している。そこでは、ピープルアナリティクスでもお馴染みのサーベイによるデータ収集はもちろんのこと、実際に働く人にインタビューをし、働く様子を見に行くといった調査手法も、非常に重要な「理解」のための方法論として紹介されている（梅崎ほか編 2020）。例えば、インタビューを通じて得られたデータは、数量として計算できるものではないが、自社の人材が今何を考えており、そのデータの集積から組織がどういう状態にあるのかを考察することはできるだろう。職場の実態を知りたい時にわざわざサーベイを実施せずとも、実際に職場の様子を観察することで、その実態の把握の一助になるかもしれない。もちろん、量的データで明らかになった事象について、さらに質的データでその深掘りをしていくような複合的なアプローチもあり得るし、むしろそのようにデータを収集し、活用していくことが重

要である。人々を「理解」するための新たな観点として、「質的アプロー
チ」及び「質的データ」という考え方をおさえながら、次節ではこの考
え方をもとにピープルアナリティクスを再定義して、本章の結語とする。

1-6 ピープルアナリティクスの再定義

　本節では、ピープルアナリティクスにおいて質的アプローチの考え方を取り込んだうえで、その在り方を再定義する。その際、これまで確認してきたピープルアナリティクスのキーワードや分析の段階、「理解」や「実装」といった観点を整理しながら、取り組みの内実とそこに込められた期待を明らかにする。最後に、そのような新たな定義の下で、留意されたいピープルアナリティクスの取り組みとしての固有性（特徴）にも触れ、結語としたい。

　まず、これまでのピープルアナリティクスは、量的データを人材と組織のために活用することに関心があり、「統計学」「テクノロジー」等のテーマと一緒に語られる取り組みであった。さらに、ピープルアナリティクスにおける分析は、記述的分析に始まり、診断的分析、予測的分析、処方的分析と段階がある。後者に向かうほど、提供できる価値の幅も広がるが、技術的な難易度も高くなる。記述的・診断的分析は人材と組織について「理解」しようとしており、予測的・処方的分析は人材と組織に関わる意思決定や価値提供のプロセスにおいてデータ活用の仕組みを「実装」することを目指している。そして重要な点として「理解」は「実装」に先行し、分析対象や価値提供の対象が人材と組織であるからこそ、まずもって「理解」に取り組むことが強調された。人材と組織の「理解」のためには、量的データに限らず、質的データと呼ばれる情報源の活用も可能であることを、社会科学やマーケティング分野の取り組みを補助線としながら、強調した。ピープルアナリティクスは、まずもって人材と組織についての「理解」を試みる取り組みであり、その理解を前提として、人材と組織に関する意思決定の精度や価値提供の向上のプロセスに、データを「実装」していく取り組みである。

　ここまでの議論を踏まえ、改めて本書では、ピープルアナリティクスを以下のような取り組みとして定義する。

人材と組織に関する意思決定精度の向上や価値提供のために、量的・質的データを収集、分析することで、その対象への理解を深めようとする取り組みである。更に、人材と組織に関する意思決定や価値提供のプロセスにおいて、データ活用の仕組みを実装することで、その質を向上しようとする取り組みでもある。

　これまでの定義と異なるのは、データを量的・質的の観点から両義的に捉え、理解・実装の観点を分けて考えている点である。本書では「実装」の有用性を認識しながらも、特に重要と考えられる「理解」に関する方法論をまずもって洗練させていくことを目指したい。これ以降の紙幅については、量的・質的アプローチを前提する「理解」について、集中的に検討する。

　さて、この定義のピープルアナリティクスにおいては、前段で取り上げた苦悩や困難を解決する可能性もあるかもしれない。もし量的データが全くない状況でなおかつそのデータを集めることが難しい場合には、質的データの収集から人材と組織の理解に取り組む発想が有効である。高度なアナリティクスやエンジニアリングの専門知識を持っている人材がいない場合でも、インタビューや観察調査といった質的アプローチに長けた担当者がいれば、人材と組織の「理解」は始められる[5]。そして、人材と組織があまりにも複雑で多様であるがゆえに、量的データだけで効果的な打ち手が導出できないのであれば、そこに質的データを織り交ぜることで、より具体的な打ち手の検討に繋げられる可能性が高まるかもしれない。

　この質的データの活用という観点は、これまであまりピープルアナリティクスの中では体系的に整理がなされてこなかった。そのため本章で

---

[5]　無論、これは質的アプローチが量的アプローチに比べて簡単・手軽な方法であることを意味しない。質的アプローチにおいても、インタビュー対象者との機微な関わりや、生々しい現実と向き合い、言葉にする覚悟とそれをまとめ上げる技法が必要である。その点は第2章、第4章や第5章で詳述する。本書はこれまで量的アプローチしかなかったところに、質的アプローチの考え方が加わることで、取り組み自体の裾野が広がることを強調している。

は、社会科学やマーケティングの分野から、様々な考え方や方法を輸入することを試みた。ただし、無条件に輸入できるかでいうと、留意すべき点もある。なぜならば、ピープルアナリティクスは、マーケティングが理解の対象とする「市場の消費者」ではなく、「人材と組織」を対象として行われる取り組みであり、社会科学のように人材と組織について「研究」を行いたいわけではなく、「ビジネス」として意思決定や価値提供に資することが求められるからである。特に、以下の三つのピープルアナリティクスの特徴には留意されたい。

1．人材と組織は、様々な粒度を構成する
2．人材と組織と、距離が近い
3．人材と組織が、変化することを期待する

　一点目は、「粒度」に対する留意点である。ピープルアナリティクスは、人材一人一人の状態に関心がある時もあれば、特定の組織や集団というグループ単位、ひいては会社全体に至るまで、様々な「粒度」を構成することを念頭に置いておく必要がある。時折、「ピープルアナリティクスは集団分析しかできない」という考え方が聴かれるが、そのようなことは全くない。量的なデータの分析の場合、一定のデータ数がないと分析ができないということは当然にあり、社会科学やマーケティングリサーチのデータ分析の教科書でもよくこの付言がある。一方で、企業における人材と組織の「理解」から逆算して考えてみると、集団は「理解」の対象だが、一人の人材は「理解」の対象ではないという線引きには違和感がある。今回、質的アプローチをピープルアナリティクスに輸入することで、「集団分析のみしか実施できない」という呪縛からは解放されるだろう。企業の重要な人材たった一人であったとしても、ピープルアナリティクスはその内実に迫っていくことができる。
　その様々な「粒度」を分析対象とする中で、一層留意されたいのが二点目の「距離」である。ピープルアナリティクスの担当者と分析対象者は、同じ企業・グループに所属する、いわば広義の同僚の関係であるこ

とが多い。究極的には、隣の席の人が分析対象であることもあり得る。この分析対象との距離の近さは、より人材と組織に近い立ち位置でデータの収集ができるという利点もあるが、担当者に信用がない場合には、データを提供したくない、変な活用をされたくないといった不信感を生むリスクもある。ピープルアナリティクスの担当者は、分析対象からも顔が見える存在であり、顔が見え続ける存在でもある。この所与の「距離」が近いからこそ、人間関係を意識したデータ収集の在り方を工夫し、「理解」と「実装」に知恵を絞ることが重要になってくる。

　三点目は、「変化」への期待である。例えば、研究活動であれば、多くの場合は研究対象への過剰な介入は避ける[6]。マーケティングリサーチでも、サーベイやインタビュー等を消費者に行う際に、広告宣伝にならないよう注意を促す考え方がある[7]。一方でピープルアナリティクスは、人材と組織について、当人あるいは会社にとってより良い状態に「変化」してもらうことを期待している。社員の残業時間や休暇日数の量的データを可視化するのは、過重労働があれば是正したいからである。個人に学習コンテンツを推薦するのは、何らかの知識やスキルを身につけてほしいという期待があるからである。つまり、厳しくとらえるならば、どう頑張っても何も「変化」を生み出せないピープルアナリティクスは不要という考え方も可能である。

　本章では、これまでのピープルアナリティクスの定義や事例をもとに、その取り組みが量的データ重視であったところを、人材と組織の「理解」を大前提とする質的データの活用も重要である形で再定義した。だから

---

[6]　研究活動において、量的・質的アプローチを伴う社会調査を実施する場合は、対象者に介入し過ぎず、適度な距離感でデータを収集する態度が推奨される。例えばフィールドワークを行う際には、「一歩距離を置いた関与」や「客観性失わないラポール」といったスタンスを持つことが推奨される（佐藤2002: 77）。一方で『実践アクションリサーチ』で紹介されているように、「科学的なアプローチを用いて、社会的・組織的に重要な課題の解決策を、その課題の渦中にいる人々とともに研究すること」（David and Teresa, 2014=2021）を重視するアプローチもある。

[7]　日本マーケティングリサーチ協会が定める綱領においては、量的・質的アプローチを用いて消費者理解を行う際に、リサーチであることと広告宣伝（プロモーション）であることは区別し、対象者に誤解を与えないよう事業者に要請している（日本マーケティングリサーチ協会2017）。

といって、量的データの重要性が損なわれることにはならない。むしろこれまで以上に量的データを収集、活用しながらも、質的データの活用も行い、究極的には合わせ技でピープルアナリティクスを「役立つ」イメージを読者の皆様に持ってもらうことが本書のゴールである。次の第2章では、ピープルアナリティクスにおいて量的・質的データを収集する際の考え方をもう少し詳しく確認する。その後、第3・4章では量的・質的データの収集、活用の具体的なノウハウについて触れ、第5章では両者の組み合わせ方について、事例を通じて確認していこう。さらに、第6章では、そうした事例の再現性を高めていくために、組織的に（この新しい）ピープルアナリティクスを推進していく際のポイントについておさえていく。

コラム

「実装」の内実と推進上のポイント

　本書は、ピープルアナリティクスの二つの側面である「理解」と「実装」のうち、「理解」について"理解"を深めていく構成となっている。その理由は二つある。一つは既に述べた通り、人材と組織が複雑な対象であることを踏まえ、まず第一に量的・質的アプローチを通じて丁寧に「理解」することが大事だと考えているからである。そしてもう一つはシンプルに、紙幅の問題である。ゆえに、「実装」についてはこれ以降も多くは言及することができないため、簡単だがこのコラムでその内実と推進上のポイントについて補足しておこう。

　第1章で述べた通り、「実装」には、予測的分析と処方的分析がある。いずれも量的データを活用するケースが多いが、近年では自然言語処理の技術を用いることで質的データが量的データに変換され、活用されることもある。

　予測的分析は、主に統計学や機械学習等の分析方法を用いて、将来を

「予測」することで意思決定に活かそうとする取り組みである。人材と組織に関わる場面だと、人材の活躍や退職、不調を予測したいケースや、人材を組織に配属する際にその組織の業務や上司との最適なマッチングを予測したい場面で活用される。そのアウトプットは、判断を伴う業務オペレーションの中に予測結果が実装されたり、システムやアプリケーション上で予測結果を提示されることが多い。この分析について最も悩ましいのは、複雑なパラメータを有する人材と組織について、どこまで正確に予測できるのか、あるいはそれが正しかったといえるのかといった点に尽きる。一定の不確実性を前提として、予測結果を選抜や配属、フォロー等のための意思決定に活用していくわけだが、その意思決定が人材の人生や生活の関わる「重さ」を伴う場合もあり、予測結果の活用について慎重にならざるを得ない場面もある。

　処方的分析は、「レコメンデーション」の技術が用いられることが多い。人材の興味・関心、能力開発が必要なポイントや組織の課題をデータで捕捉した上で、人材や組織に具体的なアクションを促すような情報提供を行う。人材が身につけたい知識やスキルをデータで捕捉し、学習コンテンツのレコメンデーションを行うようなケースが分かりやすい。処方的分析の事例は、本書が出版された時点ではまだ多くはないが、今後各企業でデータが蓄積し、ピープルアナリティクスのレベルが上がってくれば、自ずと増えてくるものと思われる。一方で留意しないといけない点もある。一つは、情報提供によって人材と組織の在り様を過度に誘導することへの懸念が挙げられる。人材と組織にこうなってほしいという思いこそあれ、一方で人材と組織に自立的に課題に対処してほしいという思いもある。この両方の考え方が両立している場面が多いのが、人材と組織に関わる領域の特徴ともいえる。多くは、人材と組織が自ら判断し、アクションできるような余地を残すという絶妙なバランスで、参考情報をレコメンドする在り方に落ち着くものと想定される。

参考文献

Coghlan, David, and Brannick, Teresa 2014, *Doing Action Research in Your Own Organization Fourth Edition*, London: SAGE Publications Ltd.（永田素彦・高瀬進・川村尚也 監訳，2021,『実践アクションリサーチ』碩学舎.）

Davenport, Thomas H., Harris Jeanne, Shapiro Jeremy, 2010, "Competeing on talent analytics," *Harvard Business Review* 88: 52-58.（関美和訳 2015,『情報技術が人事管理を変える「人材分析学」がもたらす競争優位』ダイヤモンド社）

江崎貴裕, 2020,『分析者のためのデータ解釈学入門：データの本質をとらえる技術』ソシム.

King Gary, Robert O. Keohane, and Sidney Verba 1994, *Designing Social Inquiry: Scientific Inference in Qualitative Research*, Princeton: Princeton University Press.（真渕勝 監訳，2004,『社会科学のリサーチ・デザイン：定性的研究における科学的推論』勁草書房.）

林明文 編，2016,『新版 人事の定量分析』中央経済社.

池田心豪, 2021,「働き方の問い方・とらえ方：企業組織調査のポイント」『社会と調査』26, 5-11.

一般社団法人日本マーケティング・リサーチ協会，2017,「マーケティング・リサーチ網領」一般社団法人日本マーケティング・リサーチ協会ホームページ（2022年12月24日取得, https://www.jmra-net.or.jp/Portals/0/rule/JMRA-Code-170526.pdf）

一般社団法人ピープルアナリティクス&HRテクノロジー協会著，北崎茂編，2020,『ピープルアナリティクスの教科書：組織・人事データの実践的活用法』日本能率協会マネジメントセンター.

一般社団法人ピープルアナリティクス&HRテクノロジー協会，2022,「人事データ利活用原則」（2022年12月24日取得, https://peopleanalytics.or.jp/media/HRDataUtilization Principles.pdf）

Jean Paul Isson, Jesse S. Harriott, 2016, *People Analytics in the Era of Big Data: Changing the Way You Attract, Acquire, Develop, and Retain Talent*, New Jersey: Wiley.

河本薫，2022,『データ分析・AIを実務に活かす データドリブン思考』ダイヤモンド社.

岸政彦・石岡丈昇・丸山里美，2016,『質的社会調査の方法：他者の合理性の理解社会学』有斐閣.

Marler, Janet H, Boudreau, John W., 2017, "An Evidence-Based Review of HR Analytics," *The International Journal of Human Resource Management* 28, 3-26.

McNellis Jason, 2019, "You're likely investing a lot in marketing analytics, but are you getting the right insights?," Blog Post, November 5, 2019,（Retrieved December 24, 2022, https://blogs.gartner.com/jason-mcnellis/2019/11/05/youre-likely-investing-lot-marketing-analytics-getting-right-insights/）

中嶋哲夫・井川静恵・柿澤寿信・松繁寿和・梅崎修，2013,『人事の統計分析：人事マイクロデータを用いた人材マネジメントの検証』ミネルヴァ書房.

大湾秀雄, 2017,『日本の人事を科学する：因果推論に基づくデータ活用』日本経済新聞出版.

Pape, Tom, 2016, "Prioritizing data items for business analytics: Framework and application to human resources," *European Journal of Operational Research* 252, 687–698.

労働行政研究所編，2018,『HRテクノロジーで人事が変わる：AI時代における人事のデータ分析・活用と法的リスク』労務行政.

佐藤郁哉，2002，『フィールドワークの技法──：問いを育てる、仮説をきたえる』新曜社．

島崎哲彦 編，2020，『マーケティング・リサーチに従事する人のための調査法・分析法：定量調査・実験調査・定性調査の調査法と基礎的分析法』学文社．

須古勝志・田路和也，2020，『HR プロファイリング 本当の適性を見極める「人事の科学」』日経BP．

田中洋 編，2010，『課題解決！ マーケティング・リサーチ入門』ダイヤモンド社．

Tett Gillian, 2021, *Anthro-vision: how anthropology can explain business and life*, New York: Random House Business.（土方奈美訳，2022，『Anthro Vision（アンソロ・ビジョン）人類学的思考で視るビジネスと世界』日本経済新聞出版.）

Tursunbayeva, A., Di Lauro, S., & Pagliari, C., 2018, "People analytics: A scoping review of conceptual boundaries and value propositions," *International Journal of Information Management* 43, 224–247.

筒井淳也，2021，『社会学：「非サイエンス」的な知の居場所』岩波書店．

梅崎修，2020，「労働・職場調査のすすめ」池田心豪・藤本真 編，2020，『労働・職場調査ガイドブック：多様な手法で探索する働く人たちの世界』中央経済社，1-23．

梅崎修・池田心豪・藤本真 編，2020，『労働・職場調査ガイドブック：多様な手法で探索する働く人たちの世界』中央経済社．

Waber Ben, 2013, *People Analytics: How Social Sensing Technology Will Transform Business and What It Tells Us About the Future of Work*, Upper Saddle River: FT Press.（千葉敏生 訳，2014，『職場の人間科学：ビッグデータで考える「理想の働き方」』早川書房．）

Wang Nan, Katsamakas Evangelos, 2021, "A Recommendation System for People Analytics," *International Journal of Business Intelligence Research* 12 (2), 1-12

West Mike, 2019, *People Analytics For Dummies*, New Jersey: Wiley.

データ収集の考え方

本章では、第1章の議論をもとに、ピープルアナリティクスに取り組む上で必要になってくるデータの「収集」について、その考え方を整理する。第1章では、これまでのピープルアナリティクスの定義や事例を確認してきたが、ピープル「アナリティクス」という字義通り、量的なデータの「分析」にもっぱら関心があることが明らかになった。しかしながら、ピープルアナリティクスの実践にあたっては、手元に分析できるようなデータがない場合も多く、そうなった時には担当者自らの力でデータを「収集」し、分析に繋げていくことが求められる。その「収集」すべきデータについて、数値化された「量的データ」のみならず、会話の記録、インタビューのメモ、その他の文書等の「質的なデータ」をも収集、分析の対象にしてしまおうというのが、本書の試みである。

　これまで手薄だった「収集」という分野の、しかもあまり馴染みがない「質的」データを取り扱おうという状況であるため、いきなりその具体的な収集や分析方法の話に入る前に、ピープルアナリティクスにおけるデータ収集の考え方やその可能性について改めて整理を行っておく。そうした土台となる考え方を前提に、後続の章では、量的・質的アプローチの収集と分析の技法を参照していく流れとする。本章は、この意味で、第1章と第3章以降の「繋ぎ」の章でもある。

　本章では、まず初めにこれまでのピープルアナリティクスが活用してきた量的データの「収集」について、理解を深めていく。量的データ・質的データの収集についてそれぞれの特徴を整理しつつ、各収集方法の使い分け方についても丁寧に確認する。そうした方法をもって、最終的には、ピープルアナリティクスにおけるデータ収集の「可能性」について付言する。本章を通じて、もし分析できるデータが手元にない場合でも、少しでも何か示唆に繋がるデータを得られないかという意欲を持ってもらえると幸いである。

2-1 量的データの特徴

　まず、これまでのピープルアナリティクスが分析に用いてきた量的データの特徴について確認しておこう。第2章でも『教科書』の知見を参照する。図表2-1は、この取り組みでよく用いられるデータを整理したものである。

　図表2-1では、四つの類型が示されている。これらはよく実務でも活用される分類のため、繰り返しにはなるが丁寧に補足しておく。まずオペレーショナルデータは、人材マネジメントに関する業務（人材の採用や異動配置、育成や評価等）を遂行する中で、その業務を遂行するために収集、活用されるデータである。多くは、人事情報を管理する基幹システムにデータが日々蓄積しており、必要に応じて分析にも活用できる。センチメントデータも、ピープルアナリティクスでよく用いられるデータである。社員意識調査やエンゲイジメントサーベイといった取り組みに代表されるように、人材が何を考えているのか、どう思っているのか

図表 2-1 ◆ ピープルアナリティクスで用いられるデータの種類

データ類型	データの内容
オペレーショナルデータ	採用・配置・育成・評価・報酬といった人材マネジメントのオペレーションを実行するために必要となるデータ
センチメントデータ	従業員のモチベーションや組織風土など変化や課題を抽出するために活用されるデータ
パーソナリティデータ	従業員の性格特性や能力特性を指し示すデータ
アクティビティデータ	カレンダーやメール・チャットなどの従業員が日々の業務の中でどのような活動をしているかをログとして残すデータ

※ピープルアナリティクス＆HR テクノロジー協会（2020: 25）を参考に筆者にて作成

といった観点で実態把握を行うことを目的として、主にサーベイといった方法で収集されることが多い。パーソナリティデータもサーベイで収集されることが多いデータであるが、センチメントデータと異なり、人材の性格特性や能力特性を推し量るために収集されることが多い。入社時の適性検査や、昇格試験時の適性検査の他、チームビルディングのための性格タイプ診断等、近年様々な場面で測定されるデータである。そして最後に、アクティビティデータである。これは、日々企業内の人材がやり取りしているメールやチャット等の「行動（アクティビティ）」に関するデータを収集し、分析に活用することになる。最近では、生体情報を測定するデバイスを通じて、人材のストレスや健康状態を測定する事例も出てきており、そうした取り組みもこの類型に入るだろう。あるいは、オフィスのどこに人材がいるのか、といった位置情報を活用し、オフィスデザインに活かすような例もあり、取り組みとしては多くはないが、テクノロジーの発展と相まって近年非常に注目が寄せられているデータでもある（ピープルアナリティクス＆HRテクノロジー協会2020）。

この四類型には、二つの前提が置かれていると解釈できる。一つは、社員個人に紐づくデータであること。「ピープルアナリティクス＝人々の分析に関する取り組み」である以上、利活用するものが個人データであることは疑いようのない事実だが、集団や会社全体の状態を表す集計データ（あるいは統計情報）も、実務においてはよく利用する。例えば組織ごとの構成人数、メンバーの属性構成比、予算等も立派な「量的データ」である。そうしたデータはセンチメントやパーソナリティ、アクティビティ等には分類しにくいが、きちんとそれ自体で収集、管理、分析がなされるべき主たるデータであることも補足しておきたい。もう一つの前提は、社内で収集されるデータを想定している点である。実務においては、業界の賃金データや競合の採用状況、財務情報や会社の口コミに至るまで、様々な社外の量的データを収集することもある点はおさえておきたい。

もう一つ、ピープルアナリティクスを進める上で知っておきたい量的

データに関する整理がある。図表 2-1 は自分たちが分析に使おうとする
データがどのように集まってきたデータで、それが何を表現するのかと
いう観点で整理された類型だが、図表 2-2 のように、データの様態によっ
て整理されることもある。

　まず、非常に注意が必要な点として図表 2-2 における"質的データ"
と本書の想定する「質的データ」は大きく意味合いが異なる。図表 2-2
における下二つのような種類のデータは「量的データにおける」質的デー
タと呼ばれることもあるため、注意されたい。「質的」の意味を突き詰
めるとなぜ本書のいう質的データがあり、量的データの中にも質的デー
タがあるのかといった議論も可能だが、ここでは「同じ呼び方だが意味
が違う」といった程度でご理解いただければ問題ない。知らないと実務
で戸惑う場面もあるかもしれないため、ここで事前に強調して触れさせ
てもらった。

　本題に戻ろう。データはおおよそ四つの「尺度」に分類され、それぞ
れで適用できる演算や、分析への利用可能性が異なってくるため、イメー
ジだけでもここで掴んでおこう。まず得られたデータの数量について原
点を持ち、その数字間の間隔や比に意味がある場合は「比率尺度」と呼
ばれる。例えば、速度を考えてみると、速度 0 という考え方が成立し、
速度が 5 から 10 になった際には、その速度が 2 倍になったと考えるこ

図表 2-2 ◆ データの様態による種類の整理

	尺度名	使える演算	使える代表値	使われる事例	尺度の特徴
量的データ	比率尺度	＋－×÷	幾何平均	質量、長さ、年齢、時間、金額	尺度に単位があり、絶対原点がある
	間隔尺度	＋－	算術平均	温度（摂氏）、知能指数	尺度に単位があり、絶対原点がない
質的データ	順序尺度	＞＝	中央値	満足度、選好度、硬度	順番について意味がある尺度
	名義尺度	数え上げる	最頻値	電話番号、性別、血液型	情報を数値で分類するだけの尺度

※栗原（2021）図表 1-1 及び朝野（2018: 132）を参考に、筆者にて作成

とが可能である。こうしたデータは、様々な統計的な分析に柔軟に用いることができる。また、「間隔尺度」という考え方もある。これは、温度を例に取ると分かりやすい。1℃温度が上がることに意味があるが、15℃から30℃になった際に、温度が2倍になったとは考え難い。その次に、「順序尺度」という考え方もある。これは例えば、ランキングのように1位、2位、3位といった形で表現されるデータであり、数値の順序に意味があるものである。最後に「名義尺度」がある。これは、企業でいうと社員番号や組織コード等をイメージすると分かりやすい。その数値自体に意味はなく、何らかの名義を数値に置き換えただけのデータとして解釈できる。実務においては、自分たちの集めるべきデータが、実際どの尺度の該当するのかを常に気にしながら量的データを収集する必要がある。

　ここまで、量的データの類型とその集め方について、注意点も含めて付言してきた。いずれにしても、量的データがこれまでも、これからも重要であることは変わりないだろう。こうした量的データの重要性や効用は様々な場面で強調されている。例えば『経営力を鍛える人事データ分析３０』では、「会社の状態が妥当であるかを判断し、説明するときに、数字で根拠を示すことができれば、一段と説得力が増します」（林ほか2019: 1）と言われており、「"データ"や"数字"に依拠していない人事管理は根拠が薄く、経営判断を誤る可能性があります」と警鐘が鳴らされた（林ほか 2019: 6）。こうした問題意識から、人員構成ギャップや管理職比率等、様々な観点のデータの可視化について実践例が紹介されている。また、『日本の人事を科学する』においては、企業を取り巻く経済条件の変化から、「変容する組織や人事制度の先のあるべき姿を、経営者が手探りで模索する必要が出てきた」からこそ、データの活用が重要であるとされた（大湾 2017: 233-234）。企業内外の状況やニーズの複雑化に伴い、データという実態を表象する情報をもって、適切に意思決定を行っていくことの重要性が説かれていると解釈できる。上記の論旨を要約すると、四類型で表されるような量的データは複雑で多様な実態に迫っていく上で、効率的かつ正確に実態を捉えるために役立ち、それ

が提示されることによって（数字であるがゆえの）説得力を醸成する点に、量的データの価値が見出されているといえる[1]。

---

[1]　内閣府はEBPM（エビデンス・ベースト・ポリシー・メイキング。証拠に基づく政策立案）という考え方を推奨している。「政策の企画をその場限りのエピソードに頼るのではなく、政策目的を明確化したうえで合理的根拠（エビデンス）に基づくものとすること」で、「政策効果の測定に重要な関連を持つ情報や統計等のデータを活用したEBPMの推進は、政策の有効性を高め、国民の行政への信頼確保に資するもの」であるとした（内閣府 2022）。これもまた、量的（あるいは質的も含めた）データを根拠として、施策の検討を行うスタンスであり、ピープルアナリティクスに通ずる考え方でもある。

「サーベイ」の重要性

　ここまで、ピープルアナリティクスがよく分析に用いる量的データの類型と、その価値について整理を行ってきた。では、図表2-1で提示された四類型について、データ収集の方法を宛がうと、どのように整理されるだろうか。図表2-3は、それを整理したものである。

　人材と組織に関わる実務においては、アクティビティデータを除いて、「サーベイ」の手段が用いられる場面が多い。サーベイとはいわば「アンケート調査」のことである。『マーケティング・リサーチ入門』によると、この手段は「質問」（本書では「設問」とする）によるデータ収集方法であり、データは「選択したカテゴリー番号」や「数量」というモードで収集され、その収集結果はデータ行列の形を取る（朝野 2018: 5）[2]。要するに、紙や画面上に何らかの設問やそれに準ずる指示があり、そこに回答者が情報を記載・入力するような体裁のデータ収集方法が「サーベイ」である。オペレーショナルデータであれば、入社時に必要な属性データを収集するためにサーベイを通じて情報入力を行ってもらうケースが想定される。また、人事評価（考課）入力に差し当たって評価に関する数値とその理由を画面やシステムに入力してもらうケースも、広義のサーベイの一種であるとも考えられる。センチメントデータやパーソナリティデータは、いわずもがな、特定の設問があり、それに答えていくことでデータ収集が行われる点で、サーベイの利活用が大前提にある。

　本書は、新しいデータ収集方法を提示するのではなく、実践的なデータ収集を起点に、ピープルアナリティクスという取り組みをより推進し

---

[2]　詳細は後述するが「量的データ＝サーベイ」という対応関係ではない。当然、サーベイの中で質的なデータを収集することもある（朝野 2018）。例えば、理由や意見を聴取するような質問を設けて、回答者に自由にコメントを記載してもらうようなやり方は、サーベイで質的データを集めていることになる。

図表 2-3 ◆ よく実務で用いるデータ類型とデータ収集の方法

データ類型	データ収集の方法
オペレーショナルデータ	・人事業務を行う中で、人事情報基幹システム等にデータが入力され、半自動的に収集される ・データの入力に差し当たっては、入力フォームやサーベイ等を通じた情報収集が行われる
センチメントデータ	・基本的には、サーベイを通じて、考えや意見についてデータを収集する ・センチメント＝感情という点では、表情から感情を読み取るといったデータ収集例もある
パーソナリティデータ	・基本的には、サーベイを通じて、特定の心理尺度等に沿って回答を収集する
アクティビティデータ	・業務に使用しているシステムやサービス上で、その操作ログ等が自動的に収集される ・あるいはアクティビティデータ収集のための専用デバイスを用いて、データが収集される

※データ類型についてはピープルアナリティクス＆ HR テクノロジー協会（2020: 25-31）を参考にした。データ収集の方法は筆者にて追記

ていくための足がかりを提示することを目指している。そのため、まずもって人材と組織に関わる全ての担当者が、実務で多く用いる[3]であろう「サーベイ」をいかに活用できるか、という点にフォーカスしてそのノウハウやコツを紹介していくことにする。詳細は第 3 章にて取り上げる。

　本節の終わりに、サーベイがなぜここまで実務で活用されているのかについて確認しておこう。その理由の一つが「効率性」である。サーベイは、非常に多くの人を対象にデータを収集できる貴重な手段である。数千人規模に意見を聴かないといけない場面で、一人一人のもとに出向

---

[3] 　例えば、一人の社員に対して、入社してから日々業務を行う場面に至るまで、どのくらいサーベイが実施されているかを想像してみると、改めてその「多さ」を実感できる。採用選考時の入社意向確認のサーベイ、入社前の個人情報提出のためのサーベイ、入社後の教育動画視聴後のサーベイ、業務を行う中でのコンディションチェックのためのパルスサーベイ、年 1 回のストレスチェック、全社エンゲイジメントサーベイ、上司の 360 度サーベイ等、枚挙に暇がない。

いて意見を聴くのは物理的に困難であることも多い。しかしながら、サーベイであれば、調査票やオンラインの回答画面を一人一人の手元に届けることで、担当者がそれぞれの元に出向かなくても意見の収集ができる点で非常に効率的である。さらに「共通性」の観点もある。基本的に一人一人が答えるサーベイは、共通の設問で構成されており、同じタイミングで聴取することになる（もちろん、同じサーベイの中で、対象者によって答える設問が異なる構成もあり得るし、サーベイ実施期間の中で回答者によって回答タイミングが異なることはあり得る）。この共通の物差しを通じて、データが集められることで、非常に分析がしやすく、結果の解釈がしやすいという利点がある。最後に、「汎用性」も重要なポイントである。サーベイで聴取された設問は、最終的に数量的な情報として活用できるため、非常に強固なエビデンスになる。また数量的な情報以外にも、思っていること・考えていることを書いてもらうような聴き方も可能であり、自分たちの知りたいことに応じて質問を工夫できる余地が大きい。こうした利点があるがゆえに、サーベイというデータ収集手段が、これほどまでに実務の中に浸透しているものと想定される。

　しかしながら、サーベイの設計や運用は、実のところとても難しい。質問の聴き方や選択肢の置き方で、得られる回答が全くもって変わってしまうこともあり、専門知識をもって、非常に慎重に設計される必要がある点もおさえておきたい[4]。また、運用に差し当たっては、サーベイの実施目的やそのデータの利用目的を適切に提示していないと、誤回答や嘘の回答を集めてしまうことにも繋がる。使いこなせると有益だが、誤った方法や不誠実な方法で実施してしまうと、途端にそのデータは使えなく、使いにくくなるという特徴をもっているのが、サーベイである。

---

[4]　質問の内容や選択肢によって、同じような質問内容でも回答結果が変わってしまう可能性があることは指摘されている。例えば、難解な言葉が使われた文章で質問があった場合、その意味について簡単な文章で質問があった場合と比べて、中間的な回答が得られやすいという研究もある（増田ほか 2010）。また、選択肢に表示する文言として、中間の選択肢に「どちらともえいない」という記載がある場合とない場合とでは、同じような質問内容であっても、記載がある方が選ばれやすいといった研究もある（増田 2009）。

2-3 質的データの特徴

　ここまでは、ピープルアナリティクスがよく利用してきた量的データの類型や、そのデータを集める手段として、サーベイの重要性を強調してきた。無論、その他のデータ類型やデータ収集の方法が重要でないというわけではなく、その全てを巧みに組み合わせながらデータを収集することが重要である。さらに裾野を広げて、第1章で述べた通り、「質的データ」の活用もピープルアナリティクスの道具箱に加えたいと考えている。そこで改めて質的データやその活用に関する特徴について本節で理解を深め、どのようなデータ収集と活用になりそうか、イメージを具体化しておくことにする。

　再掲になるが、「質的データ」の収集については、『質的社会調査の方法』において、「数字を使わない調査」と定義されている。その方法は、インタビュー、聞き取り調査、参与観察、歴史的資料や新聞記事の収集等が含まれるとして、質的データは「会話、動画、写真、インタビュー、手記、新聞記事、行政文書など、ありとあらゆるものがデータ」になる（岸ほか 2016: 21）。『組織と経営について知るための実践フィールドワーク入門』では、「主にインフォーマル・インタビューや参与観察あるいは文書資料や歴史資料の検討などを通して、文字テキストや文章が中心となっているデータを集め、その結果の報告に際しては、数値による記述や統計的な分析というよりは日常言語に近い言葉による記述と分析を中心にする調査方法」であると定義されている（佐藤 2002: 132）。『社会調査方法入門』では、こうしたデータを用いることで、「社会生活の内奥にある意味や精神的なものあるいは人々の感情に迫ること」が可能となり、さらには「現実を生き生きとしたかたちで提示したり再構成したりすることができ」、「深みと厚みのある分析を与えることができる」とも付言されている（盛山 2004: 37）。先行研究の定義や趣旨を要約すると、質的アプローチが集めるデータは量的データでいう「数量」のよ

うに特定の形式がなく、様々な種別が想定される。その集め方もじっくり話を「聴く」方法から現場の様子を「観る」方法まで、様々なやり方が想定される。そして、それらのデータを活用することで、「現実を生き生きとしたかたちで提示」することができる。

では、この「現実」の提示は、ビジネスにおいてどのように役立つのだろうか。『「研修評価」の教科書』にその示唆がある。図表 2-4 は、同書を参考に量的・質的データのメリットとデメリットを整理したものである。

同書は、「論理実証モード」と「物語モード」の現実認識、という考え方を提示した[5]。「論理実証モード」とは、「科学的な検証を行うことによって、客観性や数値化を意識し、合理的に理解を促す認識の仕方」であり、本書でいう量的データに馴染みがあるモードである。一方で、「人は数字や論理だけでは動かないもの」であるとして、「物語モード」の考え方も重要であるとする。これは「人々が『複数の出来事の連鎖』の中から、物事の本質をあたかも物語のように『意味づけて』理解していくモード」であり、物事を説明する上で「迫真性・真実味・納得感」に繋がるという。経営者やステークホルダーを動かしていくためには、「論理実証モード」と同時にこの「物語モード」も組み合わせながら、意思決定の背中を押す「現場の生の声」「現場の物語」を担当者が示していくことが重要であるとされた（中原ほか 2022: 34-36）。第 1 章で述べた通り、ピープルアナリティクスが対峙する人材と組織は、全ての実態が、量的なデータで把握できるわけではない。そうした状況下でも、質的なデータから把握された「現実」を提示することで、ビジネスの前進に「役立つ」のであれば、それに越したことはない。

ただし、その「現実」については、担当者の気分の赴くままに、提示して良いかでいうとそうでもない。収集した質的データを恣意的に切り取り、あるいは加工するのはご法度である。さらに、得られるデータの量も膨大で、種類も様々であるために、その全てをそのまま提示しても、

---

[5]　心理学者の Jerome Bruner によって提唱された考え方である（Bruner 1986=1998）。

図表 2-4 ◆ 量的・質的データのメリット・デメリット

	量的データ	質的データ
メリット	・効率的に、データの収集ができる ・論理的、合理的な説明に基づく納得感が伝えられる ・個人や集団、またはそれぞれの時系列について共通性のあるデータを収集することで、比較ができる	・迫真性や現実感により、生々しい実態を伝えられる ・日常言語に近い言葉で、分析・解釈ができる ・収集する際に、予想していない結果を得ることもある
デメリット	・実態を数字で表現することで、実態の生々しい状況が理解しにくい場合がある ・数字を計算する場面が多いため、専門知識をもった人でないと分析がしにくい	・データの収集が効率的ではなく、属人的になりやすい ・分析は情報の書き起こしや複数人で対応する等、一定の負荷やコストがかかる ・説明する際に客観的な情報として提示しにくい

※中原ほか（2022: 34）図表5及び本書の議論内容をふまえ、筆者にて作成

情報の受け取り手は混乱してしまうだろう。ゆえに、いかに「迫真性・真実味・納得感」（中原ほか 2022）を伝えながら、データを分析し、分かりやすく要約できるかがポイントになってくる。なお本書では、質的データの収集の中でも、実務上よく用いられる「インタビュー」と「観察調査」に焦点を当てて、その実施のポイントを紹介する。主に「聴く」と「観る」方法であるが、質的アプローチの中でも、非常に重要でよく使われる方法である。これらの方法は、シンプルな「聴く・観る」という行為が根底にあるため、人材と組織に関する施策に関わる人であれば、既に実践の渦中にある方もいるだろうし、未だ実践していない方でも、自身の業務に取り込む余地が大いにあると考えている。

2-4 収集方法の使い分けの観点

　ここまで、ピープルアナリティクスが活用してきた量的データと、本書で提案する質的データの特徴について、それぞれ確認してきた。それを集める方法として、量的データは「サーベイ」、質的データは「インタビュー」「観察調査」に焦点を当て、その収集と分析について後の章で詳しく見ていく整理とした。本節では、それぞれの手法の特徴を踏まえ、両者の使い分け方について確認しておこう。

　図表 2-5 は『マネジメント研究への招待』を参考に各種データ収集方法を整理したものである（須田 2019: 47, 65, 68, 101, 130, 169, 196）。横軸は、その方法によって収集されるデータの性質であり、量的・質的のどちらの性質が強いかを示すものである。縦軸は、データを取得する対象者の範囲を示している。上部の方法は幅広い対象から多くのデータを

図表 2-5 ◆ データ収集の方法に関するマッピング整理

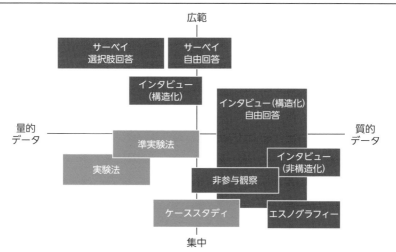

※須田（2019）を参考に、筆者にて作成。同書では各方法が異なる図表で掲載されていたため、本書では統合して掲載。本書に関連する方法を黒く表現。
　横軸を本書でいう量的・質的データの表記に変更。サーベイは同書や本書の議論を踏まえ、サーベイで得られる回答の性質から分けて配置。

取得することに向いており、下部にある方法は限られた対象からデータを取得することができる。個々の方法に関する詳細な説明は同書を参考いただきたい。ここでは、以降で紹介するサーベイとインタビュー、観察調査の種類と立ち位置を確認しておく。

　サーベイは量的データの取得でありながら、広範にデータを収集できる方法である。インタビューは幾つか種類があり、例えば、聴くべきことがある程度決まっている「構造化」インタビューだと、決まっている通りにインタビューを実施することで、広範かつある程度は量的に、データを収集することができる。構造化インタビューの中で、対象者が自由に考えていることを答えてもらうパートを設けることもあるが、その場合は広範に質的データを集めることもできる。一方で、比較的対象者に自由に話してもらう「非構造化」インタビューだと、話の流れが読みにくい分、あまり多くの人数に実施しにくく、得られるデータも質的になる。観察調査は、「非参与」かそうでないかに分けられる。「非参与」は、観察を実施する人とされる人が完全に分離している状況下で実施される観察調査である。観察を実施する人は、あくまで観察に徹し、その場の相互作用には絡まない点が特徴的である。そうではない場合を須田（2019）はマッピング上で「エスノグラフィー」と表現している。これは「非参与」とは逆に、観察する人自らも、観察される人と積極的に関わりながら、その人が自分自身の置かれた環境をどう認識し、解釈しているかに迫っていく方法である（須田 2019: 159）。

　前節では、量的データの"主たる"収集方法として「サーベイ」を、質的データの"主たる"収集方法として「インタビュー」と「観察調査」を紹介したが、それらの方法はデータが量的・質的かを越えて横断的に活用されることもある。重要な点は、「方法」から入ることではなく、自分たちにとってどのようなデータが必要かを定め、それに準ずる方法を適切に選択する点にある。

　図表2-5の横軸の「量的・質的」の整理は、分析されるデータの性質に関係する。左側の量的の象限にある方法は、数字を示し、先に紹介したような「論理実証モード」（中原ほか 2022）で現実を認識し、意思決

定をしていく際に有効である。右側の質的の象限にある手法は、「物語モード」で現実を認識し、意思決定をする場合に有効である。どちらのデータが必要かは、意思決定が求められるビジネスの状況にもよる。例えば企業のカルチャーとして、数字の根拠を元に意思決定を行う風土がある場合、左寄りのアプローチを多く採用するかもしれない。逆に、左側のアプローチでは、十分に情報が収集できていないことが分かっており、とはいえ今目の前の問題をなんとしてでも解決しないといけない場合、担当者は右側のデータ収集を検討することになる。自分たちがどちらの「モード」に立つべきかについて考えを巡らせて、集めるデータも決定されたい。

　縦軸の「広範・集中」も、意識されたい。「広範」にデータを集めようとすると、当然その広範さから収集できる情報量や内容に制限がかかる可能性がある。数千人規模の社員にサーベイを配信しようとしたときに、数百問ある設問を聴こうとすることが、憚られる状況をイメージすると分かりやすい。そのため、広く・浅く全体や集団の傾向を把握したい場合に有効である。一方、「集中」の象限のアプローチは、特定の集団や個人について、深いデータを集めることが可能であるが、沢山の人数を対象には実施しづらい方法である。これは、「こういうケースやパターンもあり得る」という可能性や仮説を構築するために、ひとまず集中的に深いデータを集めたいという場合や、広範なデータで分析した結果について確証を得たい場合、その背景についてより詳細な事情が知りたい場合に活用される。図表2-6に、各象限の使い分けの観点を記載した。図表2-6の観点はあくまで一案に過ぎないため、実務の中では、自分たちがどのようなデータが必要かを十分に考えて、適切な方法を選択する必要がある。

　では、いきなりその適切な方法に関する選択ができるのかというとそうでもない。次節では、適切な選択を行うために重要なポイントとして、ピープルアナリティクスの出発点となる「問い」の重要性に着目し、上述したアプローチを使いこなすためのコツをおさえていく。

広範

・論理実証モード	・物語モード
・数値の根拠が必要	・迫真性、真実味、納得感が必要
・浅くても良いので広い情報が必要	・浅くても良いので広い情報が必要
・全体や集団の傾向を知りたい	・全体や集団の傾向を知りたい

量的
データ ──────────────────────── 質的
データ

・論理実証モード	・物語モード
・数値の根拠が必要	・迫真性、真実味、納得感が必要
・狭くても良いので深い情報が必要	・狭くても良いので深い情報が必要
・特定の集団や個人のことを知りたい	・特定の集団や個人のことを知りたい

集中

※須田（2019）及び中原ほか（2022）を参考に筆者にて作成

2-5 出発点となるよい「問い」の立て方

データ収集やその後の分析を進めていく上で重要なのは、よい「問い」を設定することである。ここでいう「問い」とは、ピープルアナリティクスが検証しようとしているテーマ、命題、仮説、リサーチクエスチョンといった意味合いである。例えば、「なぜ当社の人材の離職が増えてきているのか」は立派な検証に足る問いである。一方で「なぜ本社は五階建てなのか」といった問いは直感的にピープルアナリティクスには不向きそうである。私たちは、ビジネスとしてピープルアナリティクスを推進していく以上、よい問いを立てて、その問いに答えるために、適切なデータ収集や分析の方法を提示していく必要がある。

では、そのよい「問い」とはどのようなものなのだろうか。『社会調査の考え方』においては、社会調査における「問い」に求められる三つの条件が紹介された（佐藤 2015）。この条件が、ピープルアナリティクスを実践していく上でも参考になるため、本節で参照してみよう。

一つ目の条件は、「実証可能性」である。これはデータをもとに、何らかの答えにたどりつくことができるのか、といった観点といえる。先ほどの「本社の五階建て」の問いは、もはや誰も答えを持っていない可能性や、そもそも五階建には意味はないことも大いに想定され、そもそも実証可能性の低い問いといえそうである。一方で「人材の離職理由」は、実際に離職予定者に話を聴いたりすることで、答えにたどりつけそうである。

二つ目の条件は、「価値・意義」である。これは、その問いを解くことで、誰にどのような価値をもたらすか、その価値を提供するための施策にはどのようなものがあり得るかといった観点である。「本社の五階建て」を実証しても、「なるほど！」以上に発見がなく、ほとんどビジネス上の価値はないだろう。一方で「人材の離職理由」は、この問いが解かれることで離職理由が減り、職場が長く働き続けられる環境になっ

ていくという点で企業や人材にとって価値があると考えられる。この問いの価値や意義は、人によって様々な解釈があり得る。「本社の五階建て」ももしかしたら他の誰かにとっては価値がある問いである可能性もある。そのため、「価値・意義」は関係者と綿密にすり合わせを確認し、具体化しておく必要がある（その方法やツールについては、第5章で詳述する）。

　三つ目の条件は、「資源的制約条件」である。これは、自分たちが使える資源（時間、費用、工数、データ等）の範囲内で答えを求められるかどうかを表す。例のごとく、「本社の五階建て」を検証するために、総務部に保管されている数年分の会議の議事録を読み込む必要がありそうであれば、そこに時間をかけることは現実的ではない。「人材の離職理由」は、離職予定者にサーベイを配信して答えてもらう等、一定の工数がかかることこそあれ、許容可能な範囲で検証することができる。

　「実証可能性」「価値・意義」「資源的制約条件」の三つ条件が満たされる「問い」を立てられると、必要なデータの定義や、そのデータ収集の方法の検討にも繋がりやすい。「なぜ当社の人材の離職が増えてきているのか」がよい問いであるならば、「実証可能性」に基づき、図表2-5のような方法を通じて、実証できそうなイメージが湧いているということである。これによって、頓珍漢なデータの収集に猛進することなく、冷静に自分たちの取り得るデータ収集の方法を吟味できる。また「価値・意義」を通じて、誰に対してどのような価値がもたらされるのかが具体化されると共に、その価値をもたらすための施策や、施策の立案のための意思決定までもイメージしやすくなるだろう。すると、社内の関係者の顔を思い浮かべながら、「論理実証モード」か「物語モード」かの横軸について検討することができる。そうした時に、必要なデータとその収集方法を絞り込んでいくことができる。さらに「資源的制約条件」を通じて、自分たちが使える資源を元に、広範な方法か集中かも検討できると良い。どちらかが楽といった話ではなく、対象へのアプローチのしやすさや、前述の「モード」の対応関係から、必要なデータと収集方法について検討できるだろう。

このように、データ収集や分析を始めるにあたっては前段にある「問い」を意識することで、ピープルアナリティクスのプロジェクトの迷走を防ぎ、成功確率を高めることができる。具体的な「問い」の立て方やその他の要件の整理の仕方については、第5章でピープルアナリティクスプロジェクトの事例を見ていく際に確認する。

2-6 データ収集を通じて「寄り添う」

　本章の締めくくりに、ピープルアナリティクスとして「データを収集すること」が持つ可能性について触れておこう。

　ピープルアナリティクスが、人材や組織からデータを集めようとする時、それは人材と組織の状態に関心を持ち、その実態を何とかその人材や組織以外の人でも解釈できるような情報として表象しようとしている、とも捉えられる。では、そうしたピープルアナリティクス担当者の態度を、人材と組織の側から見た時に、どのような「印象」が想像されるだろうか。ここからはあくまで想像の世界になるが、「わざわざ担当者に自分たちのことを知ってもらっても、何も変わらないよ」という諦観もあれば、「自分たちのことを熱心に知ろうとしてくれていることは、ありがたい」という感謝の気持ちもあるかもしれない。筆者が、人材を対象に職場の不満に関するインタビューを行った際に、印象的だったエピソードとして、インタビュー後に以下のようなコメントを対象者の方から頂戴した。

　　こうやって職場に対する不満について、誰かと話すことはこれまでなかったので、今日この場で話しながら自分の考えが整理されたし、何よりも聴いてもらえたことが嬉しかった。少し気持ちが楽になった。こういった機会をいただけてありがとう。自分も不満ばかりいうのではなく、少し自分なりに周囲の人に働きかけたり、何か行動を起こしてみようと思う。

　筆者としては、インタビューフローに沿ってインタビューを行い、対象者の生々しい職場に対する不満の声を質的データとして収集していたのだが、その収集する過程自体がインタビュー対象者の気持ちの整理に繋がり、行動変容を起こした、というエピソードである。

どうしてこのようなことが起こるのかという点を考えてみると、データ収集の意義が少しは見えてくる。そのインタビューは、インタビュー実施前に、対象者と同じ企業に所属する者として、職場の問題に向き合いたい、困っている人を助けたいという担当者としての目的意識を表明していた。その上で、対象者に「寄り添う」態度で、インタビューに臨んでいたという特徴がある。つまり、無機質に淡々と自分たちに必要なデータを集めるというスタンスではなく、インタビューをする人とされる人がお互いに一人の人間として、同じ企業に所属する一社員として、職場の問題に向き合おうという文脈が形成された上で、データが収集されていたということになる。そうした文脈の下でデータを集めること自体が、対象者の肩の荷を下ろし、留飲を下げ、時にその後の行動について変化をもたらす効果があることを、このエピソードから学ぶことができる。

データ収集は、分析の前工程としてあくまでルールに則り、淡々と実施するものと思われがちだが、上記のような効果があると分かれば、もはや一つの職場の課題解決のための施策として捉えることもできる。無論、データ収集における方法論上の前提を守りつつではあるが、ピープルアナリティクスのデータ収集の在り方を、「それ自体が人材や組織に変化をもたらすきっかけになるために」という観点で検討できると、様々な工夫が可能かもしれない。本書ではそのアイデアを検討し、紹介する紙幅がないものの、今後の人材と組織に関するデータ収集の可能性として強調しておきたい。

コラム

ピープルアナリティクスは「部外者」か？

第1章では、ピープルアナリティクスの特徴として、データを収集・分析する担当者と、データを収集・分析される対象者との距離が近いこ

とを取り上げた。どちらも同じ企業の（広義の）同僚であり、お互いに顔見知りである（になる）可能性も想定される。さらには、この関係が双方その企業にいる限りは継続して続いていく。「またあの担当者、組織からサーベイ回答の依頼が来た」といったことが頻繁に起こる点もこの取り組みの特徴的である。

この関係性は、研究者が企業の人材と組織に関わる場合とは意味合いが異なる。『労働・職場調査ハンドブック』の「調査倫理」でも明言されている通り、研究活動として関わる場合は、人材と組織からするとその人は「部外者」である（松永 2020: 199）。無論、ピープルアナリティクスの担当者も対象の組織の構成員ではない点から「部外者」であることには変わりないのだが、この「部外」の程度が異なる。ピープルアナリティクスの担当者は「部外」でありながら、分析対象である人材と組織と同じ会社に所属しているという点では、「部外」ではない側面もある。

まず同じ「部外者」として注意しないといけないポイントを整理する。同じく『労働・職場調査ハンドブック』においては、そうした「部外者」としての立場を踏まえながら、人材と組織からデータを収集する際の倫理的な配慮が強調された。例えば、収集するデータの利用方法や公開方法、管理方法などの説明、同意の取得を行う必要がある。また、必要以上の介入や協力拒否の尊重等も、留意すべき点である。更には、データ収集、分析から得られた知見を対象の人材や組織にフィードバックすることで、関係構築を行うことも長く研究活動を続ける場合には、重要である（松永 2020）。ハンドブックが提示する注意事項は、企業の中でピープルアナリティクスを推進する上でも重要なポイントである。

一方で、分析者と対象者が同じ企業構成員であることは、ピープルアナリティクスにおけるデータ収集や分析にどのような影響があり、どのような留意点があるのだろうか。

まず、同じ企業構成員として、その企業全体や人材と組織に関する多くの情報を持っている、もしくは集められる立場にある。企業の経営状

況や関心が高いイシュー、とある事業部が苦戦をしている、繁忙時期に
あるといった細やかな情報を踏まえながら、データの収集や分析に活か
すことができる。研究者も、ヒアリング等を通じてそうした情報を参考に
することはできるかもしれないが、よりナチュラルかつきめ細やかにその
ような情報収集ができる点がピープルアナリティクス担当者ならでは、
である。一方で、そのような事情を知り得る立場であるにも関わらず、
配慮に欠いたデータの収集や分析、活用を行うことは避けられたい。よ
くあるのが、人材や組織の繁忙を考慮していなかった場合や火急のトラ
ブル対応中であることを見逃してしまった場合である。そうしたタイミン
グで、時間のかかるサーベイやインタビューを依頼してしまうと、信頼
を損ねることに繋がりかねないので注意されたい。

　もう一つ、おさえておきたいポイントとして、人材と組織は同じ企業
でビジネスを推進する仲間として、ピープルアナリティクス担当者にもビ
ジネスとしての利益創出を求めていることを意識されたい。例えば、自
分たちが何となく知りたいからというあいまいな理由でサーベイやインタ
ビューのために現場から時間をもらったものの、結局そのデータが何も
ビジネスとしての利益に繋がらなかった場合、データ提供者はよりシビ
アに、活動に対して不満を持つことがあるだろう。だからこそ、第1章で
述べた通り、私たちピープルアナリティクス担当自身も人材と組織がより
良い方向へと変化できるようなデータの利活用を行わなければならな
い。研究者であれば、公益性も加味された上で、そこまで強く、ビジネ
スとしての利益が求められることはないかもしれない。この違いを踏まえ
た上で、自分たちのデータ収集、利活用の目的の「要件」を定め、プロジェ
クトを遂行し、記録を残していく必要があるわけである。この要件定義
や記録の残し方については、第5章で付言する。また、ピープルアナリティ
クスの取り組みの評価方法については第6章でも付言するため、併せて
確認されたい。

参考文献

朝野熙彦，2018，『マーケティング・リサーチ入門：「調査」の基本から「提言」まで』東京図書．

Bruner, Jerome 1986, *Possible Worlds, Actual Minds*, Cambridge: Harvard University Press.（田中一彦 訳，1998，『可能世界の心理』みすず書房．）

林明文・古川拓馬・佐藤文，2019，『経営力を鍛える人事のデータ分析30』中央経済社．

一般社団法人ピープルアナリティクス＆HRテクノロジー協会著，北崎茂編，2020，『ピープルアナリティクスの教科書：組織・人事データの実践的活用法』日本能率協会マネジメントセンター．

岸政彦・石岡丈昇・丸山里美，2016，『質的社会調査の方法：他者の合理性の理解社会学』有斐閣．

栗原伸一，2015，『入門統計学：検定から多変量解析・実験計画法まで』東京：オーム社．

増田真也，2009，「選択肢に付与された数値が回答に与える影響：中間選択肢との関係日本」『社会心理学会第50回大会・日本グループダイナミックス学会第56回大会合同大会発表論文集』，396-397

増田真也・坂上貴之・山田歩，2010，「中間選択肢の意味と回答順序効果に関する研究」『日本心理学会第74回大会発表論文集』，994．

内閣府，2022，『内閣府におけるEBPMへの取組』（2023年1月14日取得，https://www.cao.go.jp/others/kichou/ebpm/ebpm.html）

中原淳・関根雅泰・島村公俊・林博之，2022，『研修開発入門「研修評価」の教科書：「数字」と「物語」で経営・現場をかえる』ダイヤモンド社．

大湾秀雄，2017，『日本の人事を科学する：因果推論に基づくデータ活用』日本経済新聞出版．

佐藤郁哉，2002，『組織と経営について知るための実践フィールドワーク入門』有斐閣．

―――――，2015，『社会調査の考え方［上］』東京大学出版会．

盛山和夫，2004，『社会調査法入門』有斐閣ブックス．

須田敏子，2019，『マネジメント研究への招待』中央経済社．

松永伸太郎，2020，「調査倫理」梅崎修・池田心豪・藤本真 編，『労働・職場調査ガイドブック：多様な手法で探索する働く人たちの世界』中央経済社，199-201．

第3章

量的アプローチ

本章では、ピープルアナリティクスにおける量的なデータの収集と分析方法について紹介する。前半では、人材と組織を量的に理解するためのパワフルな道具となる「サーベイ」の設計や実施のポイントを紹介する。第2章で確認したように、サーベイは広範に量的データを収集する際に適しており、実務でもよく活用される方法である。サーベイにおける設問項目の作成方法や、実施タイミングの考慮、回答の案内に至るまで、実務において注意すべきポイントを丁寧に取り上げながら、解説していく。本章の後半では、サーベイも含む量的なデータの分析方法について解説する。読者の皆様のお手元にあるデータですぐにでも統計分析にチャレンジできるように、Microsoft 社が提供する Excel® ベースで動く無償の統計分析ソフト「HAD」の使い方とあわせて紹介していくことにする。

3-1 サーベイの実践

　よくサーベイに対して、「サーベイは回答者の『主観』でしかないから、そのような主観的なデータでは意思決定に使えない」といった意見を聞く。他にも、回答者の虫の居所が悪ければ、否定的な回答をしがちであるし、天気が良ければ肯定的な回答をしがちになる、という批判もある（Waber 2013=2014）。言わずもがな、サーベイは回答者が「どう思っているか」をデータとして収集する営みである[1]。当然、その人の気分によっては、いつもより否定的な回答になるかもしれないし、サーベイを実施する人に信頼がなければ、嘘の回答をすることもある。ゆえに、安定して正確なデータを集められる方法かでいうと、悩ましい点もある。

　一方で、私たちはこの「主観」を知ることなしには、仕事ができない状態になりつつあることも事実である。人事部門であれば、評価制度を変えるにあたって、現場の業務や評価に対する考え方を知らずに制度を変えてしまうと、現場から猛反発を受けるかもしれない。オフィスレイアウトの変更を行う時に、そこで働く人たちが現行のレイアウトをとても気に入っている、という事情を無視することはできない。昨今、「エンゲイジメント」や「ウェルビーイング」といった概念が重要視されているのも、人々の仕事のパフォーマンスが、その人が「どう思っているか」に駆動して発揮されるからこそであるとも捉えられる。

　一方でこの「どう思っているか」を測定することは非常に難しいことも既に述べた通りである。気分に左右されない聴き方や、信頼してもらえる案内の仕方、回答負荷の考慮から、回答後の御礼に至るまで、様々

---

[1]　オペレーショナルデータの収集で利用されるサーベイだと、自身の属性や事実を答えてもらうこともあるため、サーベイ＝主観データではない点には留意されたい。広義には、例えば自身の居住地について自由記述で記載する欄があった際に、「自分はここに住んでいる」という主観を答えることになる。そのような場面では、自由に回答されてしまうと困るので、あらかじめ選択肢等を設けて回答をコントロールすることが多い。

なポイントをおさえておく必要がある。この章ではこの「使いこなすことができれば有益だが、設計や運用で注意すべきポイントも多いサーベイ」という取り組みについて、その実施のための考え方やコツを紹介していくことにする。

3-1-1 人材と組織向けに実施するサーベイの種類

まず、人材と組織のことを「理解」するために用いられるサーベイの種類についてみていこう。図表 3-1 は、それぞれテーマごとに実施されるサーベイを一覧で整理したものである。

図表 3-1 ◆ 代表的なサーベイ一覧

テーマ	代表的な名称	概要
個人差理解 （特性・志向性）	適性検査／ パーソナリティ検査	人材のパーソナリティ特性やストレス耐性等を測定。採用や選抜のタイミングで実施されることが多い
	就労価値観サーベイ	人材がどのような志向性を持っているかを測定。採用や選抜のタイミングで実施されることが多い
	キャリア意向サーベイ	人材がどのようなキャリア意向を持っているかを測定。人材開発プログラムと関連して実施されることが多い
個人の状態 理解	パルスサーベイ	毎日、週 1・月 1 等の高頻度で実施されるサーベイ。コンディションの時系列変化の把握を目的に実施されることが多い
	ストレスチェック	人材の精神的健康状態を測定。法令により 50 人以上労働者がいる事業所で実施が義務付けられている
個人と組織の 状態理解	エンゲイジメント サーベイ	人材のエンゲイジメントの状態を測定するサーベイ。エンゲイジメント向上は生産性の向上や離職に繋がる観点からも多くの企業で実施されるようになっている
	Well-being サーベイ	エンゲイジメントと同様に、人材の Well-being の度合いを測定するサーベイ
	組織文化サーベイ	組織文化への共感度合いや、構成員の体現度合いを測定するサーベイ
他者評価の 理解	360 度サーベイ	対象者の職場における望ましい振る舞いについて、周囲のメンバーがその実現度合い等を評価するサーベイ
	マネジメントサーベイ	マネジメント職に求められるコンピテンシー等の体現度合いについて、自己認識の確認や周囲のメンバーが評価するサーベイ
その他	オンボーディング サーベイ	新しく企業や組織に加わった人材が、問題なく組織にオンボーディングできているかを確認するために行われるサーベイ。パルスサーベイとして実施されることも多い
	離職サーベイ	離職予定者に離職検討開始時期や離職理由を聴取するサーベイ。必要に応じて、インタビュー（面談）と組み合わせて実施されることもある

上記のサーベイの多くは、パッケージ製品（サービス）として提供されている。製品として提供されているサーベイは、サーベイ実施や回答者へのフィードバック、集計や分析が簡単に実施できるため、担当者も比較的少ない負荷で実施、運用ができる。また、テーマによっては社内関係者ではなく、社外の第三者機関がサーベイ実査を実施した方が、率直な回答が集まりやすい場面もあるかもしれない。さらに、パッケージ製品には、他社も含めた回答傾向と自社内の回答傾向を比較できることもあり、分析や解釈の幅が広がることもある。

　一方で、量的なデータの収集においてパッケージ製品を活用する以外にも、自前でサーベイを設計するという手段があるという点も強調したい。自前でサーベイを設計、実施することができれば、社内の状況に応じてより柔軟に必要なデータを収集することができ、より個別的な課題に対して深くアプローチすることができるようになる。また、パッケージ製品においては聴取する項目が固定化されており、その状況では必要のない項目が含まれていたり、社内で実施している他のサーベイとやむを得ずに項目が重複していたりする可能性もある。もし、自前でサーベイを設計することができれば、そうした社内で実施するサーベイの整理や、頻度及びボリュームを減らすこともできるだろう。

　自前で設計した場合には、他社傾向との「比較」ができない不安があるかもしれないが、後に紹介するような学術研究で用いられる尺度項目や、行政やシンクタンクが公開している調査の項目を用いた場合は、その項目の平均値や標準偏差が公開されていることが多いので、比較することもできなくはない。発展的に、対象者の属性を絞りたい場合であれば、調査会社が保有するアンケートモニター[2]を対象にサーベイを実施するというアイデアもある。こうした工夫をしながら、自分たちでサー

---

[2]　例えば、アイブリッジ株式会社の「Freeasy」というサービスでは、回収サンプル数50人・設問数1問（同一選択肢のマトリクス形式の場合は10項目までを1問カウント）あたり500円で発注が可能である。調査画面作成後、最短10分で配信をスタートできるため、非常に手軽にリーベイを実施することができる（2023年1月14日現在）。

ベイを設計して、自分たちで柔軟に示唆を得ることもできる[3]。

3-1-2 設問を作る上でのポイント

　本節では、サーベイの重要な要素の一つでもある設問を作成する上でのポイントを紹介する。設問の種類は様々に想定されるが、本章では特に量的データの分析でもよく使われる「尺度」を伴う設問に焦点を当てる[4]。これは図表 3-2 のような、特定の項目に対する一定の強弱を伴う回答選択肢がある設問である。その回答は数値化され、統計的に分析されることも多い。リッカート尺度と呼ばれることもある。

　さて、よい設問を作成するためのポイントは、大きく分けて以下の三つがある。

良い設問作成のポイント：
（1）知りたいことを適切に尋ねているかを確認すること
（2）回答分布をイメージしながら作成すること
（3）単体の設問ではなく複数の設問で「概念」を測定すること

（1）知りたいことを適切に尋ねているかを確認すること

　この条件について理解していくために、まず、図表 3-2 の設問についてどのような問題があるかを考えてみて欲しい。

　まず、そもそも「ワーク・エンゲイジメント」という単語を回答者の全員は理解していない可能性が高い点が問題である。実際に、株式会社アトラエ（2022）が実施した「エンゲイジメント」の浸透実態の調査では、人事部・経営・役員を対象にした場合でも、「エンゲイジメント」

---

[3]　例えば、調査会社が保有するモニターに対して、自社で既に実施しているサーベイの設問に加えて、「離職意向」のような自社では素直に回答してもらいにくい設問の両方を含むサーベイを実施することで、自社のサーベイで測定している設問と離職との関係性を類推することができる。社外の方にサーベイを取る、という手段は引き出しとして持っておくと、どこかで使える場面があるかもしれない。

[4]　これ以外の回答方法については、付録1にまとめている。尺度以外にも様々な設問の聴き方があるため、ぜひ参考にしていただきたい。

図表 3-2 ◆ ワーク・エンゲイジメントに関する設問例

> Q. あなたは、ワーク・エンゲイジメントが高いですか？
> 1.　低い
> 2.　やや低い
> 3.　どちらともいえない
> 4.　高い
> 5.　非常に高い

という言葉を「初めて聞いた」という人が、9.2％いることが明らかとなった[5]。サーベイ設計者自身は、特定のテーマについて深い知識を持っているため難しい言葉も理解しているがゆえに、うっかりと回答者が知らない言葉や表現でサーベイを実施してしまうことが多々あるので、注意されたい。

　また、選択肢の表現が等間隔ではない点も問題だ。具体的には、中間の選択肢である「3. どちらともいえない」の前後の選択肢が「2. やや低い」と「4. 高い」になっており、2 と 3 の間隔よりも、3 と 4 の間隔の方が遠くなってしまっている。リッカート尺度では、各選択肢ができるだけ定規のメモリのように等間隔に並んでいることが望ましい。この場合では、1 と 2 の表現に合わせて、4 を「やや高い」、5 を「高い」に変更すると良いだろう。

　続いて、以下の設問項目（図表 3-3）はどうだろうか。

　この質問では、一つの項目で二つ以上のことを同時に尋ねる「ダブルバーレル」になっている点が問題だ。例えば、給与には満足しているが、人事評価には満足していない場合、回答者はどの選択肢を選ぶか迷ってしまう可能性がある。この場合には、人事評価と給与でそれぞれ別の項目とするか、全般的な処遇への満足感と一段抽象度を高めた尋ね方をすると良いだろう。

---

[5]　同社の調査では「エンゲイジメント」ではなく「エンゲージメント」という表現が用いられている。本書では、学術研究でも多く活用されているUtrecht Work Engagement Scaleの邦訳版を作成したShimazu et al.(2008)に倣って「エンゲイジメント」の表記を用いている。

Q. あなたは、この会社の人事評価や給与に満足していますか？
1. 満足していない
2. あまり満足していない
3. どちらともいえない
4. やや満足している
5. 満足している

また「会社の人事評価」という言葉を見て何を思い浮かべるだろうか。ある回答者は、評価制度そのものを思い浮かべ「上位の等級に昇格するためには２回連続でＢ評価以上を取らなくてはならない」という昇格スピードの制約に対する不満を考えるかもしれない。別の回答者は、評価制度の運用を思い浮かべ「業務内容が変わっても期中に修正がなされない」という柔軟性に対する不満を浮かべるかもしれない。このように様々な場面を同時に思い浮かべて回答されても問題ない場合もあれば、具体的な場面を特定して回答してほしい場合もある。サーベイの目的にあわせて、設問における文言の特定度合いを調整することが必要だ。

最後に、以下の設問項目（図表 3-4）についても考えていただきたい。

まず、回答者は業務時間外での学習時間を考える場合もあれば、業務時間内あるいは業務時間内外での学習時間のことを考えてしまう可能性があり、具体的にどのような場面について回答するのかについて明示する必要があるだろう。また、どのくらいの期間の中での時間を想定しているのかも示されておらず、月当たりの時間なのか、週あたりの時間なのか、１日あたりの時間なのかが分からないので、明示する必要がある[6]。さらに、この選択肢のラインナップでは、学習時間を確保していない回答者が選べる選択肢が無いため、「０時間」や「全く学習をしていない」という選択肢を追加しても良いだろう。最後に、選択肢の時間範

---

[6]　著者も、初心者の頃は何度か失敗してしまったのだが、厄介なことに、選択肢から多くの回答者が自然な想定（この例なら「１週間」だろうか）を頭の中で補完しながら回答できてしまうため、分析の段階になってやっと使えない（使いにくい）データだと気づくことがあるので、回答者の目線に立って適切な表現を注意深く確認いただきたい。

図表 3-4 ◆ 学習に関する設問例

Q. あなたは職務能力の向上のためにどれくらい学習をしていますか？
1. 1 時間
2. 2 時間
3. 3 〜 5 時間
4. 6 〜 10 時間
5. 10 時間以上

囲が曖昧な点も修正が必要だ。「6 〜 10 時間」と「10 時間以上」の選択肢があるが、10 時間程度の回答者はどちらを選ぶのが適切だろうか。「10 時間以上」とあるから 6 だろうか。しかし、「4 〜 5 時間」と「6 〜 10 時間」の並びをみると混乱してくる。3 では "〜" の後に来る「5 時間」が含まれているようだが、4 の選択肢では含んでいないとも考えられる。このように数値を範囲で尋ねるのは実は結構難しい。もし、著者がこの選択肢を修正するなら、図表 3-5 のようにするだろう。

　下記の通り「以上」と「未満」を用いることで、それぞれの範囲が明確になった。また、「3 〜 5 時間」だけ 3 時間単位でまとめるのは不自然に感じたため 1 時間ごとに分割した。そして、「全く勉強していない」という選択肢を選ぶことに対する心理的な負担を想定して、「30 分未満」という選択肢を新たに追加した。

　ここまで、幾つかの観点を示してきたが、これらの細かなポイントの多くは、回答者になりきって自分で自身が設計したサーベイに回答する

図表 3-5 ◆ 学習に関する設問の修正例

1. 30 分未満
2. 30 分以上 ― 1 時間未満
3. 1 時間以上 ― 2 時間未満
4. 2 時間以上 ― 3 時間未満
5. 3 時間以上 ― 4 時間未満
6. 4 時間以上 ― 5 時間未満
7. 5 時間以上 ― 10 時間未満
8. 10 時間以上

ことで気づける部分も多い。また、チームの同僚に一度テスト回答をしてもらうことで、その違和感や答えにくさに気づくことができるだろう。

(2) 回答分布をイメージしながら作成すること

　二点目のポイントは、回答分布をイメージしながら設問や選択肢の表現を調整することである。例えば、上司のマネジメント傾向と、部下の異動希望の関係を分析するために、サーベイで部署異動の希望意向を取得したいとする。その際、図表3-6[7]のAのように「今の部署から異動したいと思う」かを尋ねてしまうと、回答者にとって④や⑤を選択することは「現部署への不満」を暗に主張しているように読み取られ、忖度によって回答がぼやけてしまうかもしれない。そこで、例えばBのように、積極的なニュアンスで異動希望を尋ねると同意しやすくなる可能性がある。このように回答分布をイメージしながら項目を確認することで、表現を調整しやすくなる。

　他の例も考えてみる。例えば、図表3-7のような項目と選択肢で、研

図表3-6 ◆ 異動に関する設問の回答分布のイメージ

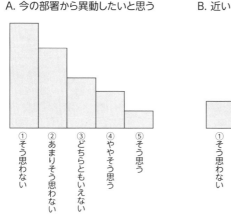
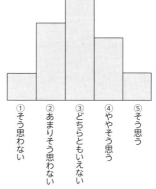

A. 今の部署から異動したいと思う

B. 近いうちに、違う部署も経験してみたい

①そう思わない ②あまりそう思わない ③どちらともいえない ④ややそう思う ⑤そう思う

①そう思わない ②あまりそう思わない ③どちらともいえない ④ややそう思う ⑤そう思う

---

[7]　図表3-6の棒グラフの高さは各選択肢の回答数を表す。このようなグラフは「ヒストグラム」と呼ばれることもある。

図表 3-7 ◆ 研修の内容に関する設問の分布イメージ

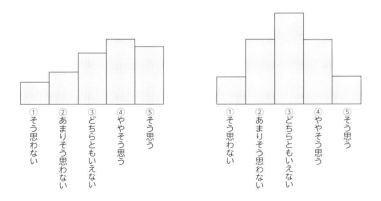

A. この研修での「学び」は、役立つと思う　B. この研修での「学び」は、業務に役立つと思う

①そう思わない　②あまりそう思わない　③どちらともいえない　④ややそう思う　⑤そう思う

①そう思わない　②あまりそう思わない　③どちらともいえない　④ややそう思う　⑤そう思う

修の内容改善に活用するためにサーベイを実施したいとする。その時に、Aのように漠然と「役立つと思う」かと尋ねた場合には、おそらく④や⑤に回答が集まりやすくなるだろう。しかし、Bのように「**業務**に役立つと思う」かと具体的に尋ねてみると、Aと比べて若干シビアな回答が得られるようになるかもしれない。

　図表3-8の場合はどうだろうか。先ほどと設問の項目は同じだが、選択肢を一部変えている。Bでは「③どちらともいえない」という中間の選択肢を入れていたが、Cではこれをなくし、「③どちらかといえばそう思わない」「④どちらかといえばそう思う」という選択肢を加えることで、役立つと思うか否かの立場を表明してもらっている。Cのように回答を取得することで、例えば、①～③のいずれかを回答した場合には否定的なグループとして、④ -⑥のいずれかを回答した場合には肯定的なグループとして分類した上で分析をすることができる。実施予定の分析手法や、レポーティングのイメージを持ちながら、中間の選択肢を設定するか否かを決めると良いだろう。

B. この研修での「学び」は、業務に役立つと思う

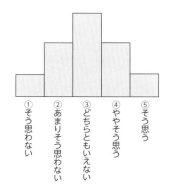

C. この研修での「学び」は、業務に役立つと思う

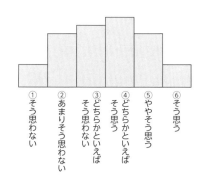

（3）単体の設問ではなく複数の設問で「概念」を測定すること

　三つ目は、単体の設問ではなく複数の項目で「概念」を測定することである。人材と組織を理解しようとする上で「心理的安全性」や「エンゲイジメント」「キャリア自律」といった直接的には目に見えないものを仮定することが多いが、これらは「構成概念」と呼ばれる。例えば、「心理的安全性」とは「対人的なリスクのある行動をとっても、このチームは安全だとメンバーが信じている状態」（Edmondson 1999; 池田ほか2022）として定義される。こうした定義に基づいて、例えば図表3-9のような複数の測定設問が提案されている。

　ピープルアナリティクスで実施するサーベイにおいては、学術研究で扱われている構成概念を用いて測定することもあれば、分析テーマや自社の環境にあわせて独自に構成概念を定義した上で、人材と組織に関する実態を測定しようとすることも多い。その際に、適切に測定したい構成概念を測定できているか判断を行うには、どのような点に着目すれば良いのだろうか。

　ここでよく参照される考え方は、「信頼性」と「妥当性」である。目に見えない構成概念を測定する上で、この信頼性と妥当性の両方が高いとよく測定できていると判断される[8]。図表3-10のイラスト部分はダー

図表 3-9 ◆ 心理的安全性の測定項目

> **心理的安全性の測定項目**
> ・このチームでは、バカにされる、否定されるといった心配をせずに自分の意見を言える
> ・このチームでは、発言しないほうが無難だという雰囲気がある（逆転項目）
> ・このチームでは、自身がチームに対して感じている課題や改善点をためらいなく言える雰囲気がある

※池田ほか（2022）から抜粋[9]

ツの的と矢だとイメージして欲しい。

　図表 3-10 における「信頼性」を見てみると、的の中で近い場所に矢が集まっている。このように複数の項目でばらつきが小さく、近い場所（同じ概念）を測定できている状態が信頼性の高い状態である。この項目のまとまりの程度は、クロンバックの α 係数を算出することで確認でき、その値が 0.6 以上であれば「高い」、0.8 以上であれば「非常に高い」と解釈されることが多い[10]。

図表 3-10 ◆ 尺度の信頼性と妥当性

─── 信頼性 ───	─── 妥当性 ───
✓ 複数の項目が同じ「概念」を測定しているか ✓ 信頼性係数αで判断	✓ 測りたいものをしっかり測れているか ✓ 関連する指標と相関するか ✓ 理論・論理的に説明したい現象を予測できるか（例：心理的安全性が高いと、否定的意見でも発言しやすくなるか）

---

[8]　他にも「信頼性」と「妥当性」の基準は様々な考え方が提案されているが、本書では代表的なものだけを紹介している。詳細な解説としては、市村（2014）などが参考になる。

[9]　池田ほか（2022）の研究では、これらに 2 項目を追加し計 5 項目で心理的安全性が測定されている。

[10]　具体的な算出方法については、P.99 を参照。

次に、図表3-10の「妥当性」では、的の中心に矢が集中している。このように、用いた項目で、測定したい構成概念（的）をしっかりと測定できている状態が妥当性の高い状態である。妥当性を判断するための観点としては、その構成概念をよく理解している人から見て内容的に妥当であると判断できること（内容的妥当性）、論理的あるいは理論的に関連すると思われる他の指標と関連していること（基準関連妥当性）、その概念で説明したい反応や行動をしっかりと予測できていること（予測妥当性）等が挙げられる[11]。

　実務の場面でオリジナルの概念とその測定のための設問を作成する際には、まず、設問がまとまっているか（クロンバックの α 係数が適切な値か）、測定したい概念をしっかり納得感を持って表現している設問であるか（内容的妥当性が高いか）の二点から確認できると良い。加えて、重要な意思決定を行う場合や、経年で追いかけていくための設問である場合は、基準関連妥当性や予測妥当性を確認すると良いだろう。その際に、自社内で繰り返し測定することが躊躇われる場合は、3-2で紹介した調査会社のモニターを対象にしたサーベイで確認するといったアイデアもある。

---

[11]　これらは、本章で解説する「相関分析」や「回帰分析」等の手法で検証することができる。

3-2 既存尺度の探し方

　ここまでは自分で設問を作成するためのポイントを確認してきたが、この節では、研究者や行政・シンクタンクが公開している心理尺度や調査項目を探すためのポイントを紹介する。これらの尺度・調査項目は、信頼性や妥当性が既に検証されていたり、既存調査での平均値や標準偏差などが公開されている場合があり、自社での分析や解釈を進めていく上でとても有益な情報となるだろう。

　まず、学術研究で用いられる尺度を探すためには、論文の検索エンジンである「Google Scholar」（2023 年 1 月 16 日取得、https://scholar.google.co.jp）を利用できると良い。例えば、精神健康や職務パフォーマンスに影響すると言われている「ストレスマインドセット」（ストレスの性質に関する信念）を測定するための尺度を探している場合は、検索窓に「ストレスマインドセット　尺度」と入れて検索するだけで幾つかの論文がヒットする（図表 3-11 参照）。[PDF] と表記のあるものは、論文データにもアクセス可能だ。論文の書式に慣れないうちは、少し抵抗感があるかもしれないが、尺度項目を調べたいだけなら、たいていの

図表 3-11 ◆ 論文の検索方法

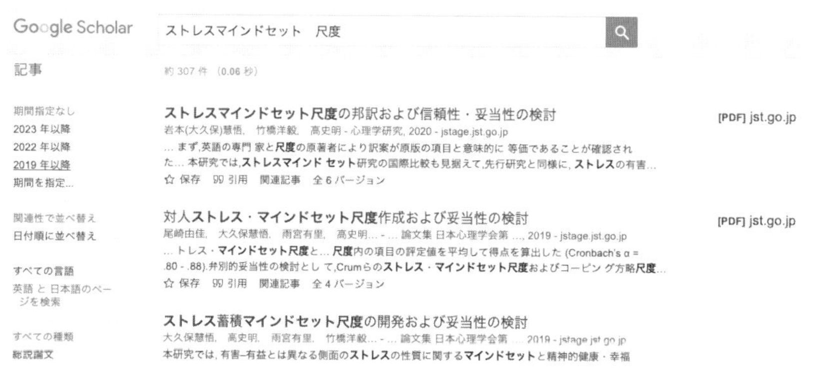

場合は「方法」や「結果」のセクションを確認すると掲載されている場合が多いだろう。

　また、学術論文以外の調査を検索することも可能である。例えば、行政関連の調査は、総務省統計局や厚生労働省の Web サイトにアクセスし、検討しているテーマに関するキーワードでサイト内を検索してみると良い。シンクタンク関連のものであれば、労働政策研究・研修機構（JILPT）、パーソル総合研究所、組織行動研究所（リクルートマネジメントソリューションズ）、リクルートワークス研究所等の Web サイトが参考になる。他にも、通常の Google 検索の際に「IT エンジニア　定着　調査　.pdf」のように検索して調査報告書を探すことが多い。キーワードに加えて".pdf"を入れるのは、その方が具体的な調査手法が公開されている資料が見つかることが多いためである。

3-2-1 ▶ サーベイ全体の設計

　ここからは設問設計の話ではなく、「サーベイ全体」の設計におけるポイントを確認していく。よいサーベイ設計を行う上でのポイントは以下の三つである。

（1）回答負荷が適切である
（2）答えやすい構成になっている
（3）設問の順番の影響を考える

（1）回答負荷が適切である

　まず、企業内で実施するサーベイで、特に気をつけないといけないのは回答負荷である。サーベイを設計していると、ついつい取得したい設問項目が増えてしまい、最終的に回答者の業務時間を圧迫するボリュームになってしまうことがある。第 1 章で付言した通り、基本的にピープルアナリティクス担当者と、サーベイの回答者の距離は近い関係にあり、回答者の業務繁忙や心象により一層配慮が求められる立場にあることを思い起こされたい。サーベイは回答者の貴重な業務時間の中で答えても

らうという認識を持っておきたい。

　回答負荷を検討する際には、「ボリューム」と「設問内容」の観点から確認する。ボリュームについてはテスト回答をする中で、所要時間を確認する等して、負荷を検討する。設問内容も同様に、回答者の立場にたって答えにくい設問になっていないかを丁寧に（場合によっては複数人で）確認する。時折、「設問数」に着目することがあるが、同じ１問でも回答負荷が高いものもあれば、手軽に答えられるものもある。そのため、設問数だけではなく、おおよその回答所要時間や各設問について悩む程度に着目して、負荷を調整すると良いだろう。

(2) 答えやすい構成になっている

　サーベイを回答する上で、引っ掛かりなく回答できる構成を意識することが重要である。１対１で直接インタビューしている状況を想像してみよう。いきなり深い質問をされるよりも、答えやすい質問からスタートする方が話しやすい。これはサーベイの回答であっても同じであり、回答者は調査票や画面を通して、私たちの問いかけに反応しているということを忘れてはいけない。参考までに、一般的なサーベイの構成を図表3-12にまとめている。設問の機能をみると、実は設問の構成にそれぞれ意味があることが確認できる。図表3-12はあくまで一例だが、全体の構成として不自然でないか、回答者が答えやすい最適な流れになっているかは、丁寧に確認されたい。

(3) 設問の順番の影響を考える

　設問の順番は、回答者の答えやすさという観点以外にも、前の設問が後ろの設問に影響を及ぼさないかという観点でも注意すべきである。代表的な例としては、幸福感に関する質問は調査の後半に配置してしまうと、それよりも前の質問の影響を強く受けてしまうので、できるだけ調査の冒頭に配置するべきだと言われている。たしかに、仕事や家庭のストレスに関する質問や、心身の不調についての質問の後に、幸福感を尋ねられてしまうと先に尋ねられた場合と比べて、低くつけてしまうだろ

図表 3-12 ◆ サーベイの構成案

設問の位置	内容／設問のタイプ	設問の機能	項目例
表紙	調査目的やデータの取り扱い範囲の説明	調査目的を理解いただき、調査に対する不信感を取り除く	〈調査概要〉 ・このサーベイは、研修機会の活用状況をお伺いするものです。来年度の教育研修をより効果的なものにするために、本調査の回答と、研修管理システム上のデータとを紐づけた分析を実施させていただく予定です。 〈回答データの開示範囲〉 ・人事部門は、分析上必要な最低限の範囲で、個人データを確認することがあります。 ・個人が特定されないようにデータを処理した上で、各事業部長に全体傾向が共有されます。
最初の質問	広汎な質問・一般的な質問	緊張をほぐし、善意の協力関係を取り結ぶ	・あなたは、会社が提供する教育研修の機会に満足していますか。
後続する数問	単純で直接的な質問	調査がシンプルで答えやすいものであることを回答者に確約する	・あなたは、「プロジェクトマネジメント」のスキルに関するオンライン研修を、自由に受講できることをご存じですか。
全体の3分の1まで	明確な目標のある質問	調査対象者とさらに関連づけて、回答者に調査の領域を伝える	・「プロジェクトマネジメント」のスキルに関するオンライン研修は、どの程度あなたの業務に役立つと感じますか。
主要部分	明確な目標のある質問（複雑な質問も含）	調査に要求される情報のほとんどを得る	・あなたの上司は、あなたが新しいスキルを身につけることに対して、支援をしていますか。
最後の数問	プライバシーに関わる質問（センシティブな質問も含）	回答者を分類するための情報やデモグラフィックな情報を得る	・最後に、社員IDをご記入ください。（なお、社員IDは研修管理システムとの紐付けにのみ使用されます。この回答によって、あなたが不利益を被ることはありませんので、ご安心ください）

※山田（2010）を参考に、著者にて作成

う。主観での回答を集めるからこそ、質問の順番がどのような影響を与えうるかについて想像を膨らませながら構成を検討したい。

3-2-2 サーベイ実施時のポイント

企業内でのサーベイを実施する担当者と回答者との関係は、「その場限り」のものではない。第1章でも指摘した通り、担当者と回答者は同じ企業の構成員として、中長期的に関わり続けるケースが多いと想定される。そうした関係性の中で、サーベイを実施するにあたっては、次の二点のポイントが重要である。

（1）適切なタイミングで実施されること
（2）目的の伝達や催促等のコミュケーションが丁寧であること

（1）適切なタイミングで実施されること

まず、適切なタイミングでサーベイが実施されることが重要である。第2章で付言した通り、多くの企業では年間に幾つものサーベイが実施されている。サーベイを実施する主体が誰であれ、回答者からすれば「またサーベイに答えなきゃいけないのか」という気持ちになることは想像に難くない。サーベイの回答者がいつ、どのようなサーベイに回答しているのかを確認し、できるだけ連続しないタイミングで実施することが望ましい。また、回答者が、社内でいつどのような体験（例えば、繁忙期、人事評価、社内異動等）をしたかを考慮し、その体験がサーベイへの回答にどのような影響を与えるのかも検討したい。例えば、人事評価の納得感を調査するサーベイを実施するにも関わらず、評価が終わった数ヶ月後にサーベイを実施しても、適切な回答が得にくいだろう。このように、測定したいテーマと適切に関連するタイミングを考慮して、実施されたい。

（2）目的の伝達や催促等のコミュケーションが丁寧であること

サーベイを実施していると、ついつい回答者のことを「データ」として捉えてしまい、必要な配慮を欠いてしまう。例えば、サーベイの目的も説明せずに、一方的にサーベイへの回答を求めれば、担当者やサーベイ自体に不躾な印象を与えてしまい、今後は協力が得られなくなるリスクがある。そこで、サーベイ実施の前後でのコミュニケーションを可能な限り丁寧に実施できると良い。サーベイ前には、サーベイの目的や回答することが何につながるのかを回答者に十分に説明することが重要である。こうした説明文を丁寧に作成したとしても、回答依頼メールの中で説明されているのか、メールのURLをクリックして調査画面に遷移しないと説明が見えないのか、でもだいぶ印象が変わってくるだろう。一番初めに回答者に見えるところで、丁寧に説明されたい。

また、回答リマインドを送るタイミングや頻度、その文面にも気を配りたい。サーベイの「協力」のお願いでありながら、締め切りが強調された赤文字ばかりのリマインドメールを受けとると、何か迫られている

ような印象を抱かせると共に、げんなりさせてしまう可能性がある。できる限り、気持ちよく回答を行ってもらう工夫を検討されたい。

　サーベイ後には、可能な限り調査結果のフィードバックを行うべきである。できるだけ期間を空けず、回答のお礼と共に、調査結果とそのデータをどのように今後活用するかの意思を誠実に示すことが重要である。また、誠意を示すだけではなく、回答者にとって少しでもプラスになるようなフィードバックができないかも工夫したい。例えば、サーベイの中でパーソナリティを測定するデータをとっていたら個別の集計結果を返すことで、自己理解に役立ててもらえるかもしれない。

　このような細かな配慮と工夫を通して、回答者を嫌な気持ちにさせず、良好な関係を構築していけると理想的である。

3-2-3　サーベイの限界

　最後に、サーベイで測定できる「現実」はごく一部だけであるという点もおさえておきたい。これも第1章で述べた点の繰り返しになるが、サーベイで人材と組織の実態の全てを把握することはできない。この後に紹介する量的なデータ分析を実施すると、ついつい、そのデータだけで「なんでも語れてしまう」「全て分かった」ような気がしてくる。実際に、多くの変数を取って関係性を見出すことで、実際に「それっぽいストーリー」を作れてしまうものだ。こうした思い込みを避けるためにも、サーベイだけではなく、第4章で紹介するインタビューや観察といった質的なアプローチも併用することで、人材と組織の「理解」を試みることが重要である。

> **コラム**
>
> ## ピープルアナリティクスと「科学知」
>
> 人材と組織を理解するにあたって是非活用いただきたいのが「科学知」

だ。科学知とは、先人がデータに基づいた実証的なアプローチによって発見し蓄積してきた知識であり、私たちはこれらを活用することができる。科学知を支えるものが「理論」だ。理論とは、「対象となる現象について、それが「なぜ」(Why)、「いつ」(When)、「どのように」(How)起こるのかということを説明するものである」(服部 2020)。例えば、従業員がモチベーション高く働ける職場を作りたいとする。モチベーションがどのような条件のもとで高まるのか、それはどのようなメカニズムを経て高まるのかということを説明するための理論は多く生み出されている。私たちは、理論を道具として活用することで、筋の良い「問い」を生み出すことができるだろう [1]。

　加えて、科学知は、データ取得や分析の方針を設計する上で便利な道具を提供してくれる。例えば、先述の「モチベーション」を測定するサーベイは何を使うか迷うほどに開発されており、どのような職場要因やパフォーマンス指標とどのような関係性があるのかが報告されている。サーベイ以外にも、行動観察においてどのような行動をモチベーションとして見なすかといった観点や、インタビューの中でどのようにモチベーションを尋ね、整理するかについても手法が蓄積されている。すなわち、量的アプローチでも、質的アプローチでも科学知を参照することは非常に有用である。

　ただし、科学知は必ずしも個社の現象を説明するものではないという点には注意が必要である。科学知を用いると現象をシンプルに説明できるため、向き合っている自社の課題についても、ついつい「分かった気」になってしまう。科学知は、現象を特定の範囲で切り取り、その範囲の中で説明の枠組みを提供してくれる。科学知と向き合っている現実がどの程度ズレているのか、また、科学知で想定されていなかったような重

---

[1]　科学知を活用する具体例としては本書の第5章「ピープルアナリティクスの実践例」の中で「デスクリサーチ」として紹介しているので参考にしていただきたい。

要な要因が存在しないかということについて注意を払う必要がある。データ取得の手法という観点でも、先人が作ったサーベイ項目をそのままのかたちで自社に用いるよりは、より自社の従業員がピンとくる表現に調整した方が良いことも多いだろう。このように、科学知を活用する際には、同時に、自身やメンバーの持つ「実践知」も重視したい。その観点で言えば、ピープルアナリティクスは、実践知と科学知の両方を行き来しながら、自社の課題に基づく「問い」を設定、調整し、課題にアプローチしていく営みともいえるかもしれない。

　ピープルアナリティクスで扱う現象と向き合う上で必要な科学知の「引き出し」を自身の中に持つためには、例えば、服部（2020）『組織行動論の考え方・使い方』が役に立つだろう。組織行動論は、実証的なアプローチを用いて、就労者の行動や態度の理解を目指す学問領域で、まさにピープルアナリティクスを進めていく上で拠り所になる科学知が多く生み出されている。その中でも服部（2020）では組織行動論で扱われている概念について網羅的に紹介されており、それらの概念を測定するための代表的な調査項目も紹介されている。また、産業・組織心理学会が2019年にまとめた『産業・組織心理学講座』シリーズも古典的な理論から最新の理論までを網羅的かつ平易に紹介されおり参考になるだろう。適性検査やアセスメントで測定されるような「個人差」を理解したい場合には、小塩編（2021）『非認知能力：概念・測定と教育の可能性』がおすすめだ。例えば、「やり抜く力」として話題になった「グリット」や、「好奇心」「レジリエンス」「共感性」など代表的な15の概念や測定方法が丁寧に解説されている。非認知能力は教育可能な個人差であるため、人材開発に関連するテーマを扱う際には特にヒントが多いかもしれない。

3-3 量的なデータ分析の手法

　ここからはピープルアナリティクスにおける量的なデータ分析の手法について解説する。手持ちのデータですぐに分析にチャレンジいただけるように、Microsoft Excel® ベースで動くフリーの統計分析ソフトである「HAD」の使い方とあわせて具体的な手法を見ていこう。なお、本書ではまず手を動かして分析を実行できる状態を目指すために、かなり単純化した分析手法の説明を行っていく。実際に意思決定にこれらの分析を用いる際には、さまざまな前提条件についても知っておく必要がある。ひとまず手を動かして分析のイメージを掴んでいただいた後で構わないので、それぞれの分析の詳細について理解を深め、使いこなせるようになっていただきたい。また、ここでは実務でもよく用いられる「平均値の比較」「相関分析」「重回帰分析」「媒介分析」の四つに焦点を当ててHADの操作方法と共に紹介する。これ以外にもたくさん分析手法はあるため、本章後のコラムも参考にしていただきながら、発展的に学習されたい。

3-3-1 分析のためのツール

　量的なデータ分析を行うための道具は幾つかある。例えば、SPSS® や SAS® といった統計分析のための有償ソフトウェアや、R や Python といったプログラミング言語を用いた分析を行う方法がある。しかし、統計分析を学習しながら、専門的なソフトウェアの操作方法や、プログラムの書き方を覚えようとするとかなり腰を据える必要がある。

　そこで本書でおすすめしたいのが、関西学院大学の清水裕士教授が開発した「HAD」である（清水 2016）。HAD は、日頃の業務で使い慣れた Excel® をベースとした統計分析ソフトで、無償で活用することができる。Excel® ベースのため大規模なデータセットを分析することには向かない場面もあるが、ピープルアナリティクスにおける活用であれば、

データ量の観点でも十分使える場面が多いであろう。また、基本的な統計分析手法はもちろんのこと、かなり高度な手法も実行可能である（図表 3-13 参照[12]）。なお、Excel® がインストールされていれば、Windows と Mac OS のどちらにも対応している[13]。日本語だけでなく英語と中国語にも対応している。

　HAD は、清水裕士教授の Web サイト「Sunny side up!」（2023 年 2 月 20 日取得、https://norimune.net/）からダウンロードできる。このサイトには、HAD のダウンロードリンクほか、サンプルデータや

図表 3-13 ◆ HAD で実行可能な分析

データの要約	データの予測（回帰分析系）	構造方程式モデル（潜在変数を含んだ因果関係の分析）
要約統計量	重回帰分析	確認的因子分析
箱ひげ図	判別分析	平均・共分散構造分析
ヒストグラム	多変量回帰分析	多母集団同時分析
度数分布表	分散分析	探索的因子分析
正規性の検定	順序回帰分析	マルチレベル分析
一様性の検定	名義回帰分析	マルチレベル相関分析
散布図	カウント回帰分析	ペアワイズ相関分析
バブルチャート	トービット回帰分析	階層線形モデル
クロス表	二項回帰分析	マルチレベル構造方程式モデル
多重クロス表	混合分布回帰	MUML 用共分散行列
差の検定	調整分析	ペアワイズ共分散行列
一標本の検定	媒介分析	グループごとの回帰直線
平均値の差の検定	対数線形モデル	テキスト分析
順位の差の検定	データの縮約（因子分析系）	TTM2HAD
相関の差の検定	主成分分析	行列演算
等分散性の検定	因子分析	逆行列の計算
変数の関連性	項目反応理論	行列式の計算
相関分析	数量化分析	固有値分解（Jacobi 法）
順位相関係数	多次元尺度法	固有値分解（QR 法）
カテゴリカル相関分析	データの分類（クラスタ分析系）	乱数によるデータ生成
共分散	階層クラスタ分析	サンプリングシミュレーション
項目分析	非階層クラスタ分析	一変量標準正規乱数
信頼性係数	混合正規分布モデル	多変量正規乱数
主成分分析	潜在クラス分析	その他
対応分析	潜在ランク分析	サンプルサイズ設計／検定力分析

※ 2023 年 2 月 20 日時点

---

[12]　清水裕士教授の Web サイトにある「HAD でできること一覧（2023 年 2 月 20 日取得、https://norimune.net/640）」を参考に作成。HAD は高頻度でバージョンアップが行われており、今後も新しい分析手法が追加される可能性がある。定期的にサイトを確認すると良いだろう。

[13]　Windows では Excel® 2010 以降、Mac では Excel® for Mac 2016 以降のバージョンで動作確認がなされている。なお、動作の安定性の観点から Windows での使用が推奨されている。

HADを用いた主要な分析手法の実施方法の解説スライドや、有志の先生方が作成した資料の他、HADの使用方法に関する動画等へのリンクが公開されている。書籍であれば、『Excelで今すぐはじめる心理統計 簡単ツールHADで基本を身につける』（小宮・布井 2018）では、豊富な画面キャプチャと共にHADの操作方法や関連する統計学の知識について丁寧に解説されている。

3-3-2 HADの基本操作

ダウンロードが完了したら、HADのファイルを開いてみよう。HADはVBA（Visual Basic for Applications; いわゆるマクロ）で動いているため、最初に開いた際に、「警告ビュー」や「セキュリティの勧告」が表示される場合がある。その際には、「編集を有効にする」や「コンテンツの有効化」をクリックして、有効化してから用いる必要がある。

HADは「データ」シートと「モデリング」の2つのシートがある。まず、「データ」シートを選択し、画像のように分析に用いるデータを貼り付けていく。その際に、B列はかならずID（例えば社員番号）に相当するデータを貼り付ける必要がある。B列からID以外のデータを貼り付けてしまうと、そのデータを分析対象として設定できな

図表3-14 ◆ HADでのデータセットの読み込み（「データ」シート）

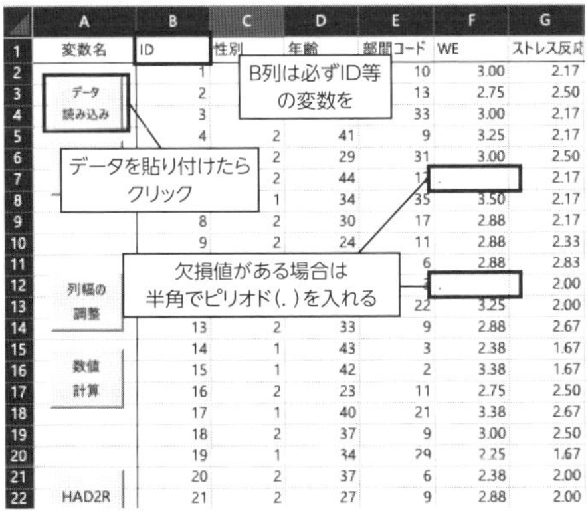

くなってしまう。また、データに欠損値がある場合は、空白のセル
のままではデータを読み込むことができないので、「ピリオド（.）」
を半角で入力しておく必要がある。欠損値が多い場合には、Excel®
の「空白セル」の検索[14]と、置換機能を用いて一括で補完を行うと
良いだろう。

　無事にデータの読み込みに成功すると、自動で「モデリングシート」
に切り替わり、分析を行うことができるようになる。以下の通り、変数
が正しく読み込まれているかを確認しよう（図表3-15）。

　その後、分析に用いる変数を選択する際には「使用変数」をクリック
すると、画像右側のポップアップが表示され、「使用変数」を選択でき
るようになる（図表3-16）。「データリスト」から分析に使用する変数
を選択し、「追加→」をクリックすることで、分析対象となる変数が「使
用変数」にボックスに移動される。使用変数は複数選択することができ
る。もし変数選択を間違えた場合には、「使用変数」内にある間違えて
移動した変数を選択し、「←削除」をクリックすることでデータリスト
のボックスに戻すことができる。

図表 3-15 ◆ データセットの読み込みが完了した状態（「モデリング」シート）

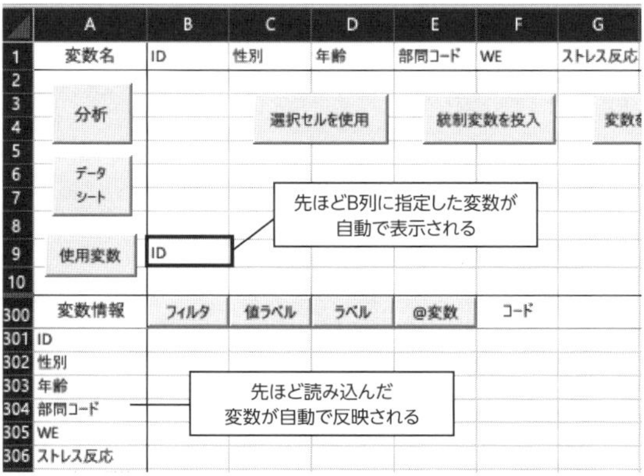

---

[14] 「ホーム」タブの「検索と選択」ボタンから「条件を選択してジャンプ」を選択。その後、「選択オプショ
ン」ダイアログの「空白セル」をチェックして「OK」を押すことで一括選択ができる。

図表 3-16 ◆ 使用変数の選択方法

図表 3-17 ◆ 使用変数の選択が完了した状態

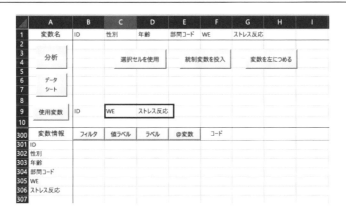

図表 3-18 ◆ 要約統計量と度数分布表の作成方法

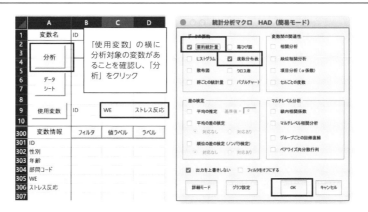

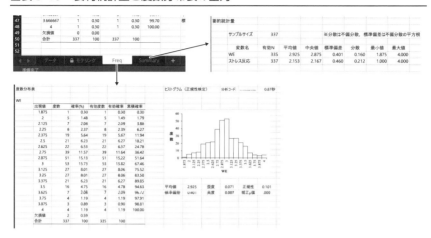

使用変数の選択に成功すると、図表3-17のように「モデリング」シートが更新される。今回は、「WE」（ワーク・エンゲイジメント）と「ストレス反応」の2つを選択したため、それらの変数が枠で囲った箇所に反映されている。

それでは、まず、データの全体傾向を確認してみよう。画面左上の「分析」ボタンをクリックすると、図表3-18の画面が表示される。データの確認に便利な「要約統計量」と「度数分布表」にチェックを入れ、「OK」をクリックする。

度数分布表を出力した「Freq」シートと、要約統計量を出力した「Summary」シートが新たに表示され、平均値・中央値・標準偏差等の基本的な統計量やデータの分布を素早く簡単に確認することができる（図表3-19）。その他にも、「箱ひげ図」や「散布図」等も簡単に作成することができるので、ぜひ、お手持ちのデータを使って試して欲しい。

3-3-3 ▶ 平均値の比較

ここでは平均値の比較について学ぶ。グループの間に生じている、ある変数の平均値の差が確からしいかどうかを検討する際には、t検定や分散分析と呼ばれる分析手法を用いる。比較軸と比較対象のデータの性

図表 3-20 ◆ 平均値の比較分析の手法と分析例

	比較軸が2つ	比較軸が3つ以上
同一対象を比較	**対応のあるt検定** ・同一人物の研修直前と直後での「仕事のやりがいスコア」を比較する ・同一部署の5月と6月の「コンディションスコア」を比較する	**対応のある一元配置分散分析** ・同一人物の研修直前、直後、3ヶ月後の「仕事のやりがいスコア」を比較する ・同一部署の5月、6月、7月、8月での「コンディションスコア」を比較する
異なる対象を比較	**対応のないt検定** ・営業部と企画部で「エンゲイジメントスコア」を比較する ・エンゲイジメントスコアが高いグループと低いグループで「心理的安全性スコア」を比較する	**対応のない一元配置分散分析** ・営業部と企画部と技術部で「エンゲイジメントスコア」を比較する ・エンゲイジメントスコアが高いグループと中程度のグループと低いグループで「心理的安全性スコア」を比較する

質によって、用いるべき分析は図表3-20の通り4パターンに分かれる[15]。

HADでは、上記のいずれの分析を実施する場合でも「モデリングシート」の左上にある「分析」をクリックし、「平均値の差の検定」にチェックを入れることで分析が可能だ。なお、対応のない平均値の比較を行う際には、使用変数の一番右端に分析軸となる変数を設定する必要がある。

平均値の比較分析の出力結果を確認する。図表3-22では、例として、同じ集団の月毎のワーク・エンゲイジメントの平均値を比較している。t検定では1月と2月を、分散分析ではそれに加えて3月を追加している。

t検定の出力はシンプルで、「水準ごとの平均値」には各月の要約統計量やサンプルサイズが出力されている。「差の検定」には、1月と2月を比較した時に平均値に有意な差があるかが分析されている。着目し

---

[15] 分散分析には、一元配置分散分析と、二元配置分散分析等、幾つかの種類がある。一元配置分散分析は、主に一つだけの要因（例えば、「部署」）について着目している変数（例えば、エンゲイジメント）の平均の差を確認する。二元配置分散分析は、要因の数が二つ（例えば、「部署」と「新卒配属の有無」）の場合に行う分析手法である。二元配置分散分析で特徴的なのは、要因間の組み合わせの影響（交互作用効果）について知ることができる点である。

図表 3-21 ◆ 平均値比較の分析方法

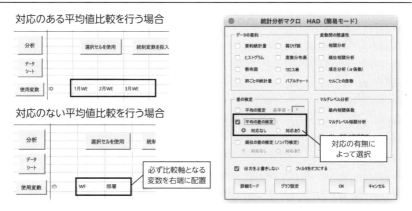

たいのは「p値」で、慣例的には、この値が.05以下であれば各月の平均値に有意な差があると解釈できる。次に着目したいのは「効果量」のパートの「効果量 d」で、これは平均値の「差」がどれくらい大きいかを数値化したものである。領域によって基準は異なるが、.80程度であれば「大きい差」、.50程度なら「中程度の差」と解釈される。

　分散分析の出力は t 検定と比べると情報量が多いが、基本的な見方はt 検定と同様である。まず、3つの平均値に差があるかを大まかに分析した結果（主効果と呼ばれる）が出力されている「要因の効果」のパー

図表 3-22 ◆ 対応のある平均値比較の出力

トを確認する。ここでも、「p 値」を確認し月毎の平均値に有意な差があるかを確認する。有意な差が認められたら、どの月の組み合わせに有意な差があるのかを確認するために「多重比較」のパートを確認する。ここでも、p 値を確認し、どの組み合わせに有意な差があるかを確認する。なお、紙幅の都合で画像を省略しているが、「多重比較」のパートの下には t 検定と同様に「効果量」の出力がある。図表の例では、1 月 − 2 月の d 値は .977、1 月 − 3 月では .783 と大きめの差だったが、2 月 − 3 月では .213 と小さい差であった[16]。

　続いて、「対応のない」平均値比較の分析出力を見てみよう（図表 3-23）。対応のある分析の時と結果の見方は基本的には同様だが、対応のない分析では「差の検定」のパートに計算方法が少し異なる 2 種類の検定結果が出力されている。基本的には Welch 検定の出力に着目すると良い[17]。ちなみに、図表 3-23 は、営業部と企画部でワーク・エンゲイジメントの平均値に有意な差があるかを検討した分析出力だが、p 値

図表 3-23 ◆ 対応のない平均値比較の出力

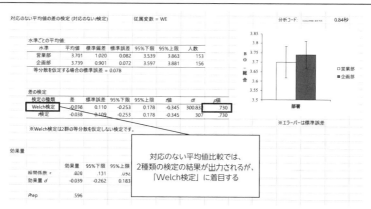

対応のない平均値比較では、2 種類の検定の結果が出力されるが、「Welch 検定」に着目する

---

[16] 平均値の比較分析では、分析に用いるデータ数が大きくなるほど、統計的に有意な差が出やすい傾向がある。そのため平均値に有意な差があるかどうか（p 値が .05 以下か）だけではなく、常に効果量も確認することが望ましい。

[17] 以前はデータのばらつきに着目した上で、この 2 種類の検定を使い分けていたのだが、近年ではデータのばらつきに関係なく「Welch 検定」を用いる方が望ましいとする考え方もある。

は.05 を上回っており有意な差は見られていない。また、効果量 d も .039 と非常に小さいことを示している。

3-3-4 ▶ 相関分析

ここでは、相関分析について学んでいこう。例えば、エンゲイジメントスコアが高いほど、同僚への協力行動は増えるという関係性はあるのだろうか。こうした「エンゲイジメント」と「協力行動」の 2 変数間の規則的な関係のことを相関関係と呼ぶ。

直線的な相関関係を分析するためには、Pearson の累積相関係数（以降、相関係数と呼ぶ）が用いられる。この値は、－1 から＋1 までの間の値をとる。図表 3-24 に示したように、プラスとマイナスは傾きの方向を示し、値が±1 に近づくほど 2 つの変数の関係は強く、0 に近づくほど関係性がない状態を示す。

HAD で相関分析を行う場合は、相関関係を確認したい変数を選択（操作は、「3-2-2 HAD の基本操作」の変数選択を参照）した上で、「モデリング」シートの「分析」をクリックし、表示された分析方法の選択画面から「相間分析」にチェック[18]を入れて「OK」をクリックする。そうすると、「Corr_test」シートが出力され、選択した変数間の相関係数

図表 3-24 ◆ 相関のパターン

散布図と相関係数の関係

負の相関　←　無相関　→　正の相関
　－　　　　　　　0　　　　　　　＋

〈相関係数の大きさの目安〉

$0.00 \leqq |r| \leqq 0.20$：ほとんど相関なし

$0.20 < |r| \leqq 0.40$：弱い相関あり

$0.40 < |r| \leqq 0.70$：やや強い相関あり

$0.70 < |r| \leqq 1.00$：強い相関あり

※左図は総務省統計局「EBPM 活用塾ゼミナール編〜統計データ利活用編」より出典（2023 年 1 月 15 日取得、https://www.stat.go.jp/dstart/point/seminar1/05.html）

---

[18] この時に、同時に「散布図」にもチェックを入れておくと相関係数の表だけでなく、図表 3-24 のような散布図も一緒に出力される。

相関分析	ストレス反応	残業時間	人事評価	上司の支援	飲み会頻度
ストレス反応	1.000				
残業時間	.304 **	1.000			
人事評価	-.099	-.059	1.000		
上司の支援	-.309 **	.008	.345 **	1.000	
飲み会頻度	-.200 *	.112	.170 *	.425 **	1.000

** $p < .01$, * $p < .05$, + $p < .10$

> t検定と同様に有意な（偶然ではなく意味のある）相関かを判断するためにp値が算出され、相間係数の右隣に記号で表示される

が表示される。なお、変数選択の際に 3 つ以上の変数を選択した場合でも、図表 3-25 のように、総当たり的に相関係数を出力してくれる。特にサーベイのように多くの変数を取得した場合に、おおまかな変数間の関係性を把握するために用いると良いだろう。

また、「3-1-2 設問を作る上でのポイント」で紹介した複数の尺度項目のまとまりの程度（クロンバックの α 係数）も HAD では簡単に算出することができる。「モデリング」シートの「分析」をクリックし、表示された分析手法の選択画面の右上のボックスにある「項目分析（α 係数）」にチェックを入れて、「OK」をクリックすることで算出される。数値の解釈の方法については、p.79 を参照いただきたい。

3-3-5 重回帰分析

次に、重回帰分析について学んでいく。重回帰分析とは、ある目的変数に対して、他の変数がどのように影響を与えているかを分析する手法である。以降では、この会社において「ストレス反応」（目的変数）がどのような職場要因（説明変数）の影響を受けているかを知りたいという状況を想定しながら考えてみよう。

図表 3-26 に重回帰分析の実施手順を示した。重回帰分析は、前節までのように左上の「分析」ボタンではなく、①〜④のようにシート内を操作した上で⑤「分析実行」をクリックすることで実施できる。この図表の例では、「ストレス反応」という目的変数に対して、「役職（の高さ）」

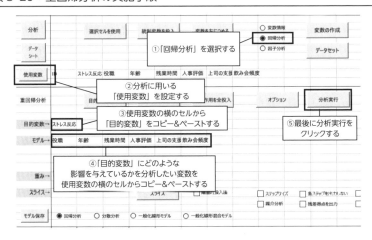

「年齢」「残業時間」「人事評価」「上司の支援」「飲み会頻度」といった説明変数がどのような影響を与えているかを分析する設定になっている。

「⑤分析実行」をクリックすると、図表 3-27 のような「Reg」シートが新たに作成される。まず、重決定係数（R2）が .252 とあり、ここからモデル上は分析に用いた説明変数で、目的変数である「ストレス反応」（の分散）を 25% 程度説明できていることが分かる。続いて、VIF を確認し、値が 10 を超えている変数がないことを確認する[19]。その後、標準化偏回帰係数（β）に注目し、目的変数（ストレス反応）に対して、どの変数がどのような影響を与えているかを確認する。標準化偏回帰係数[20]は、説明変数の間で相対的に目的変数にどの程度強く影響を与えているかを比べることができる指標であり、値が正の値（＋）であればその説明変数の値が大きくなるほどに目的変数の値も大きくなる関係があ

---

[19] 重回帰分析では、説明変数同士が強く相関している（多重共線性と呼ばれる）ことで分析結果が不安定になってしまうという制約がある。もし、10 を超える変数がある場合は、特に数値が高い変数をモデルから除外した上で再度分析し、相関の高い変数の平均値を用いる等の対応が求められる。

[20] 「偏回帰係数」と呼ばれる統計値について、平均値が 0、標準偏差が 1 になるように「標準化」と呼ばれる処理を行った値を「標準化偏回帰係数」と呼ぶ。この処理によって、年齢のような実数値や、5 件法で測定されたサーベイ結果などの異なる単位で数値化された変数を横一列に比較することができるようになる。

図表 3-27 ◆ 重回帰分析の結果出力

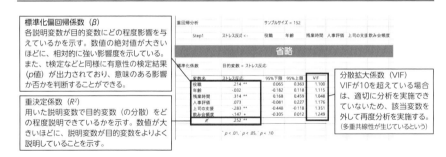

標準化偏回帰係数（β）
各説明変数が目的変数にどの程度影響を与えているかを示す。数値の絶対値が大きいほどに、相対的に強い影響度を示している。また、t検定などと同様に有意性の検定結果（p値）が出力されており、意味のある影響か否かを判断することができる。

重決定係数（R^2）
用いた説明変数で目的変数（の分散）をどの程度説明できているかを示す。数値が大きいほどに、説明変数が目的変数をよりよく説明していることを示す。

分散拡大係数（VIF）
VIFが10を超えている場合は、適切に分析を実施できていないため、該当変数を外して再度分析を実施する。
（多重共線性が生じているという）

り、負の値（−）であれば逆にその説明変数の値が大きくなるほどに目的変数の値が小さくなる関係を示す。図表の結果からは、「残業時間」「上司の支援」「役職（高さ）」の順でストレス反応に有意な強い影響を与えていること、「年齢」や「人事評価」は有意な影響は与えていないことが読み取れる。

　また、重回帰分析において重要なのは「統制（コントロール）」と呼ばれる考え方である。重回帰分析では、他の説明変数が目的変数に与える影響を一定にした上で、注目した説明変数が単体でどのような影響を与えているかということが分かる。そのため、例えば、エンゲイジメントに対する心理的安全性の影響を検討したいときに、「年齢」「性別」「部署」といった変数を一緒に説明変数に追加して分析を実行することで、それらの変数の影響を取り除いた上での心理的安全性の影響度を検討することができる[21]。

3-3-6 媒介分析

　前節の結果をよく見ていると、「飲み会頻度」が「ストレス反応」を緩和するような傾向が示されているが、なぜそうなるのだろうか。こう

---

[21] こうした考え方は実務でも研究でも広く用いられているものの批判の声もある。例えば、吉田・村井（2021）「心理学的研究における重回帰分析の適用に関わる諸問題」には詳細に問題点が指摘されている。

した問いについて分析したい際に有効なのが「媒介分析」である。

　媒介分析とは、ある説明変数が目的変数に与える影響において、他の変数（媒介変数）がそこに介在しているか否かを検討する分析である。前節の例では、例えば、「飲み会頻度」が直接的にストレス反応緩和に効いているというよりも、「飲み会頻度」（説明変数）が「上司の支援」（媒介変数）を引き出すことで、結果的に「ストレス反応」（目的変数）緩和に影響を与えるのではないか、といったアイデアを検証したい際に用いる。この時に、説明変数が目的変数に与える効果を「直接効果」と呼び、説明変数が媒介変数を経由して目的変数に与える効果を「間接効果」と呼ぶ。分析にあたっての HAD の操作方法は、重回帰分析の時とほぼ同様の操作だが図表 3-28 の③と⑤が異なる点に注意してほしい。分析結果は「Medi」というシートとして生成される。

　分析結果を図表 3-29 に示した。先述のアイデアを検証するために、「媒介変数」がある場合とない場合で、「飲み会頻度」（説明変数）が「ストレス反応」（目的変数）に与える影響の有意性がそれぞれ算出され比較できるようになっている。間接効果の有意性については、左下の「sobel 検定」の p 値を確認する。また、右側にはこの分析結果が可視化されている。この分析例では、先述のアイデアの通り、「飲み会頻度」が「ス

図表 3-28 ◆ 媒介分析の実施手順

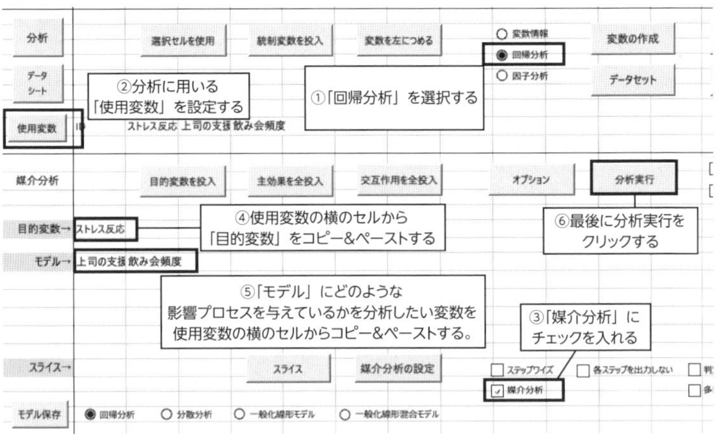

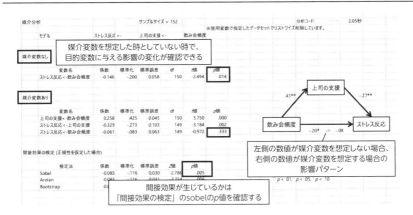

トレス反応」に与える影響は、「上司の支援」を媒介変数とした時には消失していることが分かる。ここから、いたずらに「飲み会頻度」を増やしたとしても、上司の支援が得られるような仕掛けがない限りは、「ストレス反応」軽減には繋がらないということが推測できる[22]。

---

[22]　他の分析結果も同様だが、これはあくまでも架空の分析結果である。

コラム

ピープルアナリティクスで利用するその他の分析手法

　本章では主にピープルアナリティクスにおいて、特によく用いられる量的データ分析の方法について紹介を行ってきた。もちろん、紹介した手法以外にも、様々な分析を用いることがある。このコラムでは、どのような分析手法を用いるのか、簡単ではあるが目的別に実践の際のポイントと合わせて紹介する。

▶ データを分類する

データを幾つかのグループに分類し、データの特徴を把握したい場合

がある。例えば、社内には、どのような「タイプ」の人材が多いのかといった点はよく検証テーマに挙がる。例えば、マネジメントスタイルに関するサーベイデータを用いて、「成果志向マネジメントタイプ」や「関係性志向マネジメントタイプ」といったグループを抽出し、その人数ボリュームや、そのグループの中に誰が入ってくるのかを確認する場合もある。このような場面では「クラスター分析」を用いる。『教科書』ではこの手法について「データサンプルの似たもの同士を同じグループにして、違うものを違うグループに分ける手法」と紹介されている（ピープルアナリティクス & HR テクノロジー協会 2020: 81）。上記の例でいうと、パーソナリティデータの結果が似ている人材同士をグルーピングすることで、最終的に幾つかのグループを得るような分析のアプローチである。

　データをグループに分類する手法を実施する際のポイントとして、例えば上記のようなタイプを抽出する場合、人材や組織に対して過度なラベリングにならないよう、注意が必要である。クラスター分析には、「ハードクラスタリング」と「ソフトクラスタリング」という考え方があり、ハードクラスタリングはデータ（上記の例でいうと人材）を一意に定められたグループに割り振る考え方である。一方、ソフトクラスタリングは各グループに該当する確率を算出するような考え方で分析を行う。A さんは「成果志向マネジメントタイプ」に該当する確率が 70％、「関係性志向マネジメントタイプ」に該当する確率が 30％といった形で、計算結果が得られるイメージである。前者の場合、無理やり一意にグループ（ラベル）を決めてしまう懸念がある点からも、必要に応じて、後者の手法も使いこなすことで、人材と組織の幅広い可能性を探索するような工夫も引き出しとして持っておきたい。後者の手法には「混合正規分布モデル」等があり、本章で紹介した「HAD」でも実行できるため、ぜひ試していただきたい。

▶ データにおける変数の関連を明らかにする

　データにおける変数間の関連性を明らかにすることに関心があることも多い。本章で紹介した、相関分析や重回帰分析も、これに該当する分析手法であり、他にも様々な分析手法がある。

　例えば、決定木分析という分析手法がある。『教科書』では「ツリー構造の条件分岐の繰り返しによって、予測を行う」という説明がなされており、「分岐の条件がツリー構造で可視化されるため、解釈性・説明性が高く、要因分析にも多用される」とのことである（ピープルアナリティクス＆HRテクノロジー協会 2020: 84-85）。第5章でもこれを用いた分析事例を紹介しているのでご確認いただきたい。

　他にも、構造方程式モデリング（または共分散構造分析）と呼ばれる分析もよく用いられる。これは変数Aが、変数Bにも変数Cにも関連し、さらにその変数Cは変数Dと変数Eにも関連している、といった複雑な変数間の関連性を「構造」として表現し、その関連度合いや方向性を分析する方法である。豊田（2014）や小杉・清水（2014）に詳細の解説があるため、参考にされたい。

　最後に、ベイジアンネットワークと呼ばれる分析手法も活用される。これは量的データを元に変数間の因果関係を推定することができる手法であり、特に複数の要素同士が相互につながっている複雑な現象についても階層モデルで表現が可能になる（Scutari and Denis 2021=2022）。この手法も、結果の解釈性が高いため、よく実務でも利用される。

　上記のよく使われる手法のポイントとして、いずれの手法も変数間の関係性について、構造的かつグラフィカルに表現ができる点が挙げられる。人材と組織は複雑で多様な存在だからこそ、様々な変数が関連し合い、事象を構成することが多い。そうした状況下で、その変数の関連の仕方を分かりやすく出力できる手法を活用することは、解釈可能性や説明可能性を高めてくれるだろう。無論、各種分析には、それぞれ分析上

の仮定や制約もあるため、手法の選択は充分検討された上で、分析を行う必要がある。

▶ データから将来を予測する

　最後に、「予測的分析」の手法についても確認をしておこう。『教科書』には、予測的分析の手法として、ランダムフォレストや勾配ブースティングを取り上げている（ピープルアナリティクス＆ HR テクノロジー協会2020）。これらの手法は「機械学習」と呼ばれ、大量のデータを学習することで、その学習結果から将来を予測しようとする取り組みである。最近までは、大量の学習データを自前で用意し、自分たちで予測モデルを構築する必要があったが、事前に学習されたモデルを誰でも自由に使えるような環境が整い始めており、目的に応じて様々な予測モデルを手軽に構築できるようになってきている。

　予測的分析をピープルアナリティクスで実践する際のポイントとして、その予測精度の考え方には注意されたい。一般的に、機械学習の手法を用いる際には、構築したモデルの予測精度について入念に確認が必要である。例えば「混同行列」と呼ばれるような行列を用いて、予測結果の当たり外れを検討し、そのモデルが使えるモデルかどうかを判断する。その際、人材と組織の未来について「どのくらい予測できていれば良いのか」という論点を検討することとなる。例えば10回中1回しか当たらない予測モデルは使えなさそうな印象があるが、「複雑な人材と組織について10回中1回も当たれば御の字」という考え方もあり、予測するテーマの予測難易度やその後取り得るアクション、ビジネスとしての成果という観点から、必要な予測精度の基準を自分たちで定める必要がある。機械学習については、韮原（2018）や加藤（2018）が分かりやすいため、関心がある方は確認いただきたい。

参考文献

Edmondson, Amy, 1999, "Psychological safety and learning behavior in work teams," *Administrative Science Quarterly* 44（2），350-383.

服部泰宏，2020,『組織行動論の考え方・使い方：良質のエビデンスを手にするために』有斐閣.

市村美帆，2014,「第4章 心理測定尺度の概要」『質問紙調査と心理測定尺度』サイエンス社，61-74.

一般社団法人ピープルアナリティクス&HRテクノロジー協会 著，北崎茂 編，2020,『ピープルアナリティクスの教科書』日本能率協会マネジメントセンター.

池田浩・縄田健悟・青島未佳・山口裕幸，2022,「セキュアベース・リーダーシップ論の展開：過去から『安全基地』の関係を築き，未来への挑戦を促すリーダーシップ」『組織科学』56（1），49-59.

株式会社アトラエ，2022,「【Wevox】日本企業のエンゲージメント向上活動に関する実態を調査：エンゲージメント向上への取り組みは大手企業が先行」PR Times（2023年1月15日取得，https://prtimes.jp/main/html/rd/p/000000076.000021544.html）

加藤公一，2018,『機械学習のエッセンス：実装しながら学ぶPython、数学、アルゴリズム』SBクリエイティブ.

小宮あすか・布井 雅人，2018,『Excelで今すぐはじめる心理統計：簡単ツールHADで基本を身につける』講談社.

小杉考司・清水裕士，2014,『M-plusとRによる構造方程式モデリング入門』北大路書房.

小塩真司 編，2021,『非認知能力：概念・測定と教育の可能性』北大路書房.

産業・組織心理学会 企画，金井篤子 編，2019,『産業・組織心理学講座 第1巻 産業・組織心理学を学ぶ 心理職のためのエッセンシャルズ』北大路書房.

―――，小野公一 編，2019,『産業・組織心理学講座 第2巻 人を活かす心理学 仕事・職場の豊かな働き方を探る』北大路書房.

―――，角山剛 編，2019,『産業・組織心理学講座 第3巻 組織行動の心理学 組織と人の相互作用を科学する』北大路書房.

―――，芳賀繁 編，2019,『産業・組織心理学講座 第4巻 よりよい仕事のための心理学 安全で効率的な作業と心身の健康』北大路書房.

韮原祐介，2018,『いちばんやさしい機械学習プロジェクトの教本：人気講師が教える仕事にAIを導入する方法』インプレス.

Scutari Marco, and Denis Jean-Baptiste, 2021, *Bayesian Network: With Example in R Second Edition*, London: Chapman and Hall.（金明哲・財津亘 訳，2022,『Rと事例で学ぶベイジアンネットワーク［原著第2版］』共立出版.）

Shimazu, A., Schauteli, W. B., Kosugi, S., Suzuki, A., Nashiwa, H., Kato, A., Sakamoto, M., Irimajiri, H., Amano, S., Hirohata, K., Goto, R., Kitaoka-Higashiguchi, K 2008, "Work engagement in Japan: Validation of the Japanese version of Utrecht Work Engagement Scale," *Psychology: An International Review* 57, 510-523.

清水裕士，2016,「フリーの統計分析ソフトHAD：機能の紹介と統計学習・教育，研究実践における利用方法の提案」『メディア・情報・コミュニケーション研究』1, 59-73.

総務省統計局『EBPM活用塾ゼミナール編～統計データ利活用編』（2023年1月15日取得，https://www.stat.go.jp/dstart/point/seminar1/05.html）

豊田秀樹，2014,『共分散構造分析［R編］：構造方程式モデリング』東京図書.

Waber Ben, 2013, *People Analytics: How Social Sensing Technology Will Transform Business and What It Tells Us About the Future of Work*, Upper Saddle River: FT Press. (千葉敏生 訳, 2014, 『職場の人間科学：ビッグデータで考える「理想の働き方」』早川書房.)

山田一成, 2010, 『聞き方の技術：リサーチのための調査票作成ガイド』日本経済新聞出版社.

吉田寿夫・村井潤一郎, 2021, 「心理学的研究における重回帰分析の適用に関わる諸問題」『心理学研究』92 (3), 178-187.

第 4 章

質的アプローチ

本章では質的なアプローチのデータ収集や分析について紹介する。第2章では、量的データとの対比から、質的データが「物語モード」で物事を説明する場面において、有用であることを取り上げてきた（中原ほか 2022; Bruner 1986=1998）。複雑かつ多様な存在である人材と組織の実態について、生き生きとした現実とその構造をデータから描き出すために具体的にどのようにしてデータを収集し、分析すれば良いかについて本章で提示する。

　まず、質的アプローチの特徴を改めて詳細に確認する。ここでは質的データから得られる示唆にどのような利点があるのか、そしてどのようなデータ収集の観点があるのかといった点でその特徴をおさえていく。その上で本書では、「聴く（インタビュー調査）」と「観る（観察調査）」に焦点を当てて、そのノウハウを紹介する。インタビュー調査では、その質問項目の作り方から、インタビュー中の記録の取り方、実施する際の望ましい態度等、すぐに実践で使える具体的なポイントを紹介する。観察調査も同様に、観察の仕方やメモの取り方等について先行研究の整理を参考にしながら確認をしていく。そして最後に、そこで得られたデータを分析する方法も幾つか提示する。本章を読み終えた後には、少なくともインタビュー調査や観察調査を自身の業務のどこかで実施してみようと思ってもらえていれば、幸いである。

4-1 質的アプローチのメリット・デメリット

　第3章で見てきた量的アプローチは、数値化されたデータから人材や組織を理解しようとする取り組みであったが、質的アプローチでは人材と組織について、言葉や文章、時には写真やイラスト等で実態が表現されたデータをもって、理解しようとする方法である。

　再掲になるが、図表4-1は、第2章で提示した中原ほか（2022）で紹介された、量的・質的アプローチのメリットとデメリットを参考にまとめたものである。本節では、特に質的アプローチのメリットとデメリットを深掘りしておこう。

　まず、質的アプローチでは、担当者の想定していない事柄も含めて示唆が得られやすい。当然だが量的アプローチは、数値化した（する）データ間の関係性を紐解くのが得意だが、どんなに社内のデータをかき集めたとしても、実態の全てを数値で表現するのは難しい。例えば、性格特性や心理状態は、どれだけ大量の設問を用意しても、完璧に網羅することは難しいだろう。この意味で、ある程度探索的に実態に迫っていく必

図表4-1 ◆ 量的・質的データのメリット・デメリット

	量的データ	質的データ
メリット	・効率的に、データの収集ができる ・論理的、合理的な説明に基づく納得感が伝えられる ・個人や集団、またはそれぞれの時系列について共通性のあるデータを収集することで、比較ができる	・迫真性や現実感により、生々しい実態を伝えられる ・日常言語に近い言葉で、分析・解釈ができる ・収集する際に、予想していない結果を得ることもある
デメリット	・実態を数字で表現することで、実態の生々しい状況が理解しにくい場合がある ・数字を計算する場面が多いため、専門知識をもった人でないと分析がしにくい	・データの収集が効率的ではなく、属人的になりやすい ・分析は情報の書き起こしや複数人で対応する等、一定の負荷やコストがかかる ・説明する際に客観的な情報として提示しにくい

※中原ほか（2022: 34）図表5及び本書の議論内容をふまえ、筆者にて作成

要がある場面では、インタビュー調査や観察調査を通じて、「現場感を掴む」「アタリをつける」ような使われ方をする。

　また、人数の少ない対象や少数の事象の理解のために、活用しやすい点もメリットである。例えば、1000人の会社で5人しかいないデザイナーの特徴を知りたいときに、新たにサーベイを行なったり、既存データの分析を行うよりも、直接見たり聞いたりした方が早い可能性がある。無論、質的アプローチにも丁寧な設計は必要だが、早く実態を知る必要がある、という場面では、この方法も取り得る選択肢に持っておくことは、悪い話ではない。

　一方で、質的アプローチでもサーベイの時と同様に「主観」の問題がある。サーベイの際には、回答者の主観を主に気にしていたが、質的アプローチでは「調査者」の主観が収集や分析に強く影響を及ぼす可能性がある。そのため、質的アプローチを実施する際には、自身の主観を自覚した上で主観に引っ張られ過ぎないように工夫をしたり、分析をする上でも複数人で解釈を擦り合わせながら進めたりすることが求められる。この意味で、自分のものの見方や考え方の偏りに自覚的になり、データからそういった自分の中に潜在する「主観」に気付かされるアプローチであることもおさえておきたい。

　質的なアプローチを用いたデータの収集方法は、主に「聴く」ことと「観る」ことの2種類がある。「インタビュー調査」は、感情や思考、意図、過去の行動や未来への態度など直接観察できない事柄について、当事者の視点からその経験を理解し、その意味づけを捉えるうえで有効なデータ収集の方法（徳田 2019）である。一方で、「観察調査」は、調査者が研究対象を「直接」見たり聞いたり触れたりしてとらえることができる方法である（太田 2019）。サーベイやインタビュー調査では、対象に言語化を求めたり選択を求めたりするため意識的な側面を拾いやすいが、観察調査では分析者が意図していないような言動についても、直接データを得ることができる可能性がある。実のところ、インタビュー調査や観察調査は、日々の業務の中に既に取り入れられていることも多い。企業で行われる「1on1 面談」や「採用面接」等はある種のインタビュー

と捉えられるし、「人事評価」を行うために管理職は部下の言動を日常的に観察しているともいえるだろう。一方で、そうした場面のインタビューや観察は、社会科学で用いられている方法を応用しているというよりも、我流で実施されており、データ化されていないことも多い。ゆえに、本章で紹介するテクニックを通じて、上記のような場面で行われているインタビューや観察を、より分析可能なものに昇華させることができるかもしれない。

聴く：インタビューの概要

　インタビューは、実施方法がどの程度決まっているか（構造化されているか）の観点から三つに分類されている。

　一つ目は、「構造化インタビュー」と呼ばれるもので、言い回しまで含めた質問の内容や、質問の順番、選択肢等が完全に決められており、マニュアルに沿って実施すれば誰がインタビューを実施しても対象者から同じ回答が引き出される状態が目指される。インタビュアーがサーベイの設問文を淡々と読み上げている状況をイメージしてもらうと良いだろう。ピープルアナリティクスの実務においては、採用面接を行う際に「構造化」されたインタビュー内容をもって、面接官による問い方のばらつきをおさえるような形で利用されることがある。また、何らかの事情でサーベイに回答できないが多数の対象者に質問したい場合でも、サーベイの代用手段としてこの方法が実施されることもある。

　二つ目は、「半構造化インタビュー」と呼ばれるもので、質問内容や順番はある程度決まっているが、対象者から興味深い発話が得られた場合にその内容を掘り下げるような質問を追加したり、話の流れを踏まえて質問の順番を入れ替えたりするようなインタビューの方法である。「構造化インタビュー」と「半構造化インタビュー」は、誰が実施したとしても共通の質問を尋ねるため、インタビュー対象者の語りが対象者ごとにどう異なるのかを比較することができる。例えば、対象者の職種や所属拠点、入社年次、人事評価の高低などでグループ分けをして、語られた内容や様子等がグループごとにどう異なるのかといった点を炙り出すこともできる。また、サーベイで用いるような回答選択肢を提示することで、インタビューの場で量的なデータの収集も併せて実施することができる。

　三つ目は、「非構造化インタビュー」である。これは、特定のテーマのもとで、基本的には対象者に自由に話してもらうイメージで実施され

る。関心のあるテーマについて、基本的な知識や現場の感覚をおおよそでも構わないので知りたい時に有効である。また、設問で回答を固定せず、広いテーマの下で対象者が世界をどのように見ているかを深く理解したいときにも非常に有益である。一方で、対象者から自分たちの分析や解釈に足る有益な発話を引き出すには、かなりインタビュアーの腕が試される方法でもある。

　また、インタビューに呼ばれる人が一人か複数人か、といった観点でもインタビュー方法を区別することができる。インタビュアーと対象者の一対一のインタビュー[1]はイメージされやすいが、同時に複数から意見を聴く「グループインタビュー」と呼ばれる手法もある。例えば、若手の管理職を数人同じインタビューの場に集め、「新任管理職の苦労」について話してもらうようなイメージである。一対一でのインタビューと比べて一人の対象者から得られる情報量は少なくなることもあるが、他の対象者の発言に刺激を受けることで、一対一のインタビューを実施した時には得られないような発言が得られることが多い。グループインタビューでは、インタビュアーはモデレーターと呼ばれる。その名の通り、「調整」役としての役割があり、本題から離れ過ぎた話の流れをもとに戻したり、発話量の少ない対象者が話しやすいように話題を振ったりすることが求められる[2]。

4-2-1 ▶ インタビューの準備

　インタビューを実施するにあたって、何をどのように準備すると良いだろうか。ここでは、徳田（2019）の「インタビューガイドの作成手順」を参考にしながら、一対一での半構造化インタビューの準備について学

---

[1] 　この一対一のインタビューは「デプスインタビュー」と呼ばれることもある。一人の対象者を相手に、「深い」話を聴いていくことになるため、「デプス」と表現されている。

[2] 　『実践グループインタビュー入門』は、マーケティングにおけるグループインタビューの実践の方法を体系的にまとめている。その中で、モデレーター（司会）は、「特定のマーケティング目的を達成するために必要な情報がとれるよう、出席者をコントロールすること」が目的であるとされた。ポイントは参加者の「自発的な話し合いが発生」するように以下に参加者を動機づけるかであり、そのために傾聴の姿勢を示したり、話題や話者の調整を行ったりする（梅澤 1993: 50-51）。

んでいこう。

インタビューガイドの作成手順

① 質問テーマおよび質問項目の設定

　まず、インタビュー全体で扱う内容の範囲を定める。その後、その内容をテーマ毎に整理し、整理したテーマごとに質問項目を設計していく。

② 質問の順序を決める

　対象者が答えやすい事実確認的な質問を冒頭に設置し、段々と個人の経験や感情を捉える質問に移行するような流れを心がける。また、経験の意味づけや自己の感覚に関わる深い質問は対象者とインタビュアーの関係性が安定し、内省が深まる後半にまわす等、対象者の感情や経験の流れに配慮した順番にする。

③ ワーディングを考える

　適切に発話を引き出すワーディング（言葉遣い）を工夫する。できるだけ対象者にとって分かりやすい日常的な表現を用いる。また、対象者にとってネガティブに受け取られる可能性のある言葉や表現を極力避ける。

④ 追加的な質問を設定する

　実際のインタビュー場面をイメージしながら、インタビュアーの質問に対する対象者の回答を想定し、必要に応じて、追加の質問項目を設定する。

⑤ 予備的インタビューの実施

　ロールプレイなどを通じて予備的なインタビューを行い、インタビュー全体の流れを見渡して、質問の順序などを調整・修正する。質問文も話しにくければ調整しておく。

上記の手順に沿って、役職定年者を対象にしたインタビューガイドの準備過程を見てみよう。

インタビューガイドの準備過程の例

> 　まず、インタビューで扱う範囲は「役職定年前後での仕事に対するモチベーションの変化」にすることにした。役職定年制度への意見や、今後のキャリアの展望については、モチベーション変化に必要な範囲のみで尋ねることにした。その後、インタビューで尋ねるテーマを洗い出したところ、「役職定年前後での考え方の変化」、「責任範囲の変化をどのように捉えているか」、「後進育成に対する考え方」等のテーマが挙がり、それぞれに対する具体的な質問項目を作成した。
>
> 　次に、質問の順序を検討したところ、冒頭から役職定年前後の変化を尋ねると本音を話してもらいにくいと判断し、冒頭15分で、これまでの仕事内容を時系列で尋ねていき、その時々のやりがいについて質問することにした。ワーディングの観点では、「役職定年」という言葉を極力使用せずに質問文を調整し、インタビューガイドの初稿が完成した。
>
> 　その後、具体的な対象者の顔を思い浮かべながら、インタビューの流れをイメージしたところ、……が想定されたので、その場合の追加で……について質問することにした。最後に、同じチームのBさんに、過去の上司を思い浮かべながらロールプレイに付き合ってもらって、文言の調整を行った。

　上記の準備の過程で特に重要になってくるのが、①質問項目の設計である。この質問項目のデザインがよくないと、当日全く発話が引き出されない状況になったり、発話は得られたが分析に活用できないといったことを起こってしまう。ポイントは、対象者の「語りを引き出すインタビュー」になっているかどうかである。その際の質問の在り方について、

太田（2019）は Merriam（1998）を参考に以下のようにまとめている。まず悪い質問の特徴から見ていく。

悪い質問の特徴
① 多重質問
② 誘導質問
③「はい」か「いいえ」で答えられる質問

　多重質問とは、例えば「上司や同僚に対して、どのように思っていますか？」のような、一つの質問で複数のことを同時に尋ねる質問である。この例では、上司に対して思っていることと、同僚に対して思っていることを二つ尋ねている。こうした質問をしてしまうと、対象者はどちらかの観点でしか答えなかったり、曖昧な回答をしてしまうことが多いので、避けるべきである[3]。

　誘導質問とは、例えば「ストレスが溜まる状況が続いたと思いますが、今のお仕事についてどう思われますか？」のような、インタビュアーの一方的な前提に基づく質問である。この例なら、客観的にはハードな業務が続いていたかもしれないが、対象者にとっては負荷を感じていない可能性だってあるだろう。また、勝手にインタビュアーが置いた前提が異なっている場合でも、対象者はそれを否定せずに、その前提に沿った回答をしてくれることが多く、注意が必要である。上記の例では、自分としては特段ストレスを感じていなかったが、その前提で回答が欲しいのであろうという回答者の忖度から、ストレスがあると仮定して本心とは異なる回答を行ってしまうようなイメージである。

　また、「はい」か「いいえ」で答えられる質問は、前提の確認やインタビュー序盤の口慣らしには有効だが、具体的な内容までは返ってこない。そのため、このような質問ばかりでインタビューを構成するのはもっ

3　第3章で付言した、サーベイにおける「ダブル・バーレル」の問題と同じである。インタビューの質問を検討する際には、サーベイの設問設計のポイントも参考になる場面がある。

たいない。また、二択の質問が誘導に繋がる可能性があることも念頭に置いておきたい。例えば、「今の仕事は好きですか？」「その理由はどうしてですか？」と聞くと、一旦、好きか嫌いかのどちらかの態度を表明した上で、その態度に沿った理由を話すことになる。一方で「今の仕事について、どのように感じていますか？」と聞く場合では「好きでも嫌いでもある」のような曖昧な態度も拾いやすいだろう[4]。インタビューでは、このような曖昧な態度を確認できることに意味があることもある。そのため、「はい」か「いいえ」で答えられる質問は、インタビューで引き出したい発話によって、意識的に使い分けられると良いだろう。

　では、インタビューにおける良い質問にはどのような特徴があるのだろうか。

良い質問の特徴
① 仮定的な質問
② 反対の立場からの質問
③ 理想的な立場からの質問

　仮定的な質問とは、ある特定の状況を想定して、それがどのような状況なのか、その状況では何をするかといったことを、対象者に推測させるような質問で、「かりに〜ならば」や「たとえば〜の場合」と言った表現を用いる。例えば、チームでの新卒の受け入れ体制について聞きたいときに、「もし、あなたが新卒配属で、今のチームに配属されたとしたら、どのような1ヶ月間を過ごすことになると思いますか？」と質問をすると、対象者も意識的に気づいていなかったようなチームの状態に気づくことができるかもしれない。まさに意見を「引き出す」ことに繋がる聴き方としておさえておきたい。

---

[4]　テクニックとして、インタビュー内容に量的な観点を盛り込むことで、程度の濃淡や曖昧さを聴取することができる。例えば「嫌い」を0点、「好き」を100点とした場合にご自身は今何点の状態か、といった尋ね方をすれば、二者択一ではなく微妙な濃淡やどちら寄りなのかといった情報も拾いやすいだろう。

反対の立場からの質問とは、相手が置かれた立場や推測される意見とは反対の意見を提示して、それに対する意見を尋ねる質問である。例えば、放任型のマネジメントを重視している管理職に対して、「なぜ部下の自発性を重視するマネジメントをしているのですか？」と尋ねても、なかなか意見がまとまらない場合があるが、「『マイクロマネジメントでないと部下は育たない』と考えている管理職について、どのように思いますか？」のように一度、反対の立場について尋ねることで、その対象者のマネジメント観について踏み込んで発話が引き出せる場合もあるだろう。やや誘導的な質問ではあるが、相手が言葉に詰まった時や、複数の観点からの発話を「引き出す」必要がある時に上手く使えると良いだろう。

　理想的な立場からの質問とは、対象者が関わっている現象について理想の状態を一度考えてもらうことで、現状についての情報と意見を引き出す質問だ。例えば、「今のあなたの仕事に必要な能力について、理想的だと思う状態は、どういった状態だと思いますか？」と尋ねることで、現状の能力の程度や、今後身につけていきたいと思っている能力についての発話が具体的に得られやすくなるだろう。また、そうした理想の状態を考えた上で、現況を尋ねることで、対象者自身が課題に感じている事柄についても「引き出す」ことが可能である。

4-2-2 インタビューの記録

　人の記憶は曖昧なので、インタビューについても記録を残しておくことが重要だ。可能な限り、録音や録画等を行って、冷静にインタビューの内容を振り返ることができる状態を作ると良いだろう。録音・録画データを確認したり、文字起こしした文章を読んだりすることで、インタビューしていた時には気づかなかったような情報を得ることができる。

　当然のことだが、録音・録画を行う際には、対象者にしっかりと目的とそのデータの管理体制について説明した上で許諾を取る必要がある。特にセンシティブな内容が含まれる場合は、インタビュー後でも、録音・録画データの全てあるいは一部を削除することができる旨を伝えると、

対象者は安心してインタビューに協力できる[5]。また、録音・録画されていると対象者は話しにくいのではないか、と思うかもしれないが、この辺りは、話す中で録音・録画について意識しなくなり、慣れていくことも多い。もしあまりにもインタビューの障害になっている（なる可能性がある）ようであれば、記録の取り方は工夫されたい。

　また、インタビュー中はできる限りメモを取った方が良い。なぜ（録音や録画があるのにそれでもなお）メモを取るべきかというと、インタビュー後に活用するための「記録」という理由以外にも、メモを取ることで対象者の語りに集中しつつも一定の距離を置くことができ、より俯瞰的にインタビュー全体の流れを捉えやすいという利点があるからである。例えば、対象者の語りを聴く中で新たな質問が浮かんだ場合でも、その場で相手の語りを遮って質問することは適切ではないことが多い。だからといって、「後で質問をしよう」と質問内容をずっと頭の中に浮かべながらだと、相手の語りに集中することが難しくなる。そのような場合は、後に質問する内容をメモとして残しておくと、対象者の語りに集中しながら、次の流れを設計しやすい。

　インタビューのメモには、事前に準備した質問内容をベースに、対象者の語り、観察で気づいた事柄や新たな質問をメモするための備考欄を設けたシートを用意すると良いだろう。例えば、著者は図表 4-2 のようなシートを作成し、活用している。

　メモを手書きでノートに取るべきか、PC で取るべきかに関してはその職場の風土に応じて検討されたい。多くのインタビューの方法論に関する文献では、まったく関係性の無い（共通の職場では無い）初対面の相手を対象としたインタビューを想定しているため手書きでのメモが推

---

[5]　対象者が同意している場合でも、インタビューの一部の内容について記録が残ることで、本人が後々不利益を被ることが想定される内容がある場合は、インタビュー実施者やチームの判断で「記録に残さない」という選択をすることも重要である。例えば、インタビューを実施した担当者が異動や退職した後、その記録がどのように扱われる可能性があるかについて、想像を膨らませることが重要である。インタビューの結果も、立派な「データ」であり、「個人情報」になり得るため、厳重な管理と慎重な活用を心掛けたい。

図表 4-2 ◆ インタビューシートと記入例

質問	語り	備考
アイスブレイク（5分程度）		
アイスブレイク （ランチの話、飼い犬の話…）		
調査目的の説明 ・本日はお時間をいただき、ありがとうございます。 ・XXさんの「マネジメント上の工夫」についてお伺いします。	「いえいえ、大丈夫です。ただ、私の工夫でお役に立つかちょっと不安ですが」	好意的な反応で明るく返答してくれた
…	…	…
テーマ①：これまでのマネジメント経験（10分程度）		
・記録を確認させていただいたところ、管理職になられたのは、<u>2017年</u>ですよね。	「はい、2017年の4月に昇進しました。」	
・管理職になってから<u>2回</u>、部署が変わっていると思いますが、今回は、最初に担当されてた広報課でのお話をお伺いします。 ・課長になられた時のメンバーの構成について教えてください。	「はい。当時の広報課長が部長に昇進したタイミングで、僕も主任から課長に昇進しました。その時に人の出入りはなかったので、一緒に働くメンバーも前と一緒でした。役割だけ変わった感じです。メンバーは4人で…」	
…	…	…
テーマ②：担当チームの負荷（15分程度）		
・2017年からの1年間は、チームとしての業務負荷の大きさはいかがでしたか。	「はじめはこれまでと変わらなかったのですが、2Q頭から急に忙しくなり、そのまま1年間は結構ハードな状況が続きました。」	食い気味で話していた。かなり大変だった様子
・その間のメンバーのコンディションはいかがでしたか。	「んー…。そうですね…。最初はみんな張り切っていました。ただ、秋頃に…。」	急に言葉を選んでいる様子

奨されているが、普段から会議室にPCを持ち込んでメモを取っているような職場ならむしろ手書きでのメモは仰々しく見えることが多いと著者は感じている。ただし、PCでメモを取る際には、画面に目線がいきやすくなるため、傾聴の姿勢を意識的に示す必要がある。この辺りは、次節で紹介する「インタビューのテクニック」でも詳しく述べる。

インタビュー直後には、すぐに会議等の予定は入れずに、5分でも良いのでインタビューを振り返る時間を確保できると良い。インタビュー中や、インタビュー後にあなたが考えたことをしっかりと文章化しておくことが重要である。また、インタビュー中に備考欄に書いた所見について、後からでも意味が分かるように補足を追加しておくと良いだろう。もし、その後も他の対象者に同テーマでインタビューを続ける予定があれば、改めて、進行手順の点検や、追加すべき質問が無いかを検討しても良いだろう。

　そして、できるだけ記憶が鮮明なうちに文字起こしを行いたい。文字起こしに必要な時間は、録音時間の3〜5倍程度と言われており、かなりの時間を要する作業だが、文字起こしそのものが「分析」の過程のひとつという見解（Gibbs 2007=2017; 徳田 2019）があるほど重要なプロセスとして位置づけられている。筆者の経験上でも文字起こし中に、インタビュー中は気づかなかったような発見が得られることが多いと感じている。作業中は思いついたことは漏れなくメモしておくと良いだろう。とはいえ3〜5時間もかけられない……という方も多いだろう。近年は多くの有用な自動文字起こしツールが開発されているので、これらを活用することで時間的な負担を軽減することができるだろう[6]。

4-2-3 インタビューの基本的な態度

　インタビューにおいては、対象者との信頼関係（ラポール）の形成が重要である。ここでは、まずピープルアナリティクスの実践におけるインタビューの場面を想定しながら、対象者と信頼関係を形成のための基本的態度を確認していこう。以下は、前川（2004）において提示された「面接者の基本的態度」における 10 の観点である[7]。

---

[6]　代表的なサービスとしては、nottaやAIGIJIROKU等のサービスが挙げられる（2023年1月15日時点）。どのようなサービスでも、録音状況で仕上がりが大きく異なるため、必ずインタビュー本番に近い環境でテストをして確認した上で、活用されたい。

[7]　前川（2004）は、臨床心理学者のカール・ロジャースが創始した「来談者中心療法」という心理療法におけるカウンセラーの基本的態度を参考に提案している。ただし、本書の内容に併せて著者がその表現を一部調整し、本書に掲載している。

（1）傾聴すること

　まず丁寧に慎重に対象者の語りを聴くことが何よりも重要である。特に、感情的な体験について聴くときは、対象者の語りを論理だけで理解するだけではなく、インタビュー対象者にとって世界がどのように見えているのかを共感的に理解しようと試みる。

（2）ありのままを受容すること

　当然だが、インタビューの中でインタビュアーは対象者のことを批判したり、自身の考え方を押し付けることはあってはならない。たとえ、対象者の語りの内容が個人的に受け入れ難いことであっても、「受け入れ難い」ということを自覚した上で、否定的な反応は示さず、あくまで受容的に聴き続けることが重要である。

（3）インタビュー対象者の表情や態度などの非言語的な反応を観察すること

　インタビューでは、語りの内容以外にも、対象者の非言語的な反応も重要な手がかりとなるので、意識的に観察すると良い。例えば、流暢に語っているだろうか、それとも、言葉を選びながら慎重に語っているだろうか。笑顔で語っているだろうか、強張った表情で語っているだろうか。

（4）インタビュアー自身の中に生じる思考や感情も観察すること

　インタビューを進める中で、インタビュアー自身が感じた事柄も重要な手がかりになる。例えば、語りを聞く中で、自身の経験や、他の同僚のエピソードが浮かんできたら、後から思い出せるように一旦メモに書き出しておくと良い。

（5）インタビュー対象者とインタビュアーとの関係性を観察すること

　インタビューは、対象者とインタビュアーとの相互作用によって語られる内容が大きく異なる。例えば、対象者がインタビュアーに対して好意的に語ってくれることはありがたいことだが、好意的になっているが故に、インタビュアーに嫌われないようにネガティブな語りが避けられていないだろうか。あるいは、インタ

ビュアーの発言や反応により、対象者が急に距離を取ろうとして
きてはいないだろうか。

(6) 「言葉」の個別の意味を明確化すること

対象者の語りで用いられた「言葉」を大切に聴くことを心がけ、
できる限り、その意味を明確にすることが重要である。例えば、
対象者が「地頭の良さ」という言葉を使ったとして、その「地頭」
は何を意味しているのだろうか。「論理的な思考力」として使っ
ている可能性もあるし、「教えたことを短時間で理解する力」の
ことを思い浮かべているかもしれない。インタビュアーが勝手に
解釈せずに、対象者がどのような意図で使った言葉なのかを丁寧
に確認できると良い。

(7) 「教えてもらう」という姿勢を持つこと

インタビューをしていると、ついつい、自分が「聞き出す」こと
に意識が向いてしまうことがあるが、あくまでも対象者の考えや
経験を「教えてもらう」という姿勢を持ち続けることが大切であ
る。例えば、対象者にとってあまり話したく無いことを語ってく
れた場合には、言いにくいことを語ってくれたことに対する感謝
を言葉にするといった配慮を大切にしたい。

(8) 主体性を尊重すること

対象者が言葉を選んでいる時、話しにくそうにしている時に、イ
ンタビュアーが圧力をかけて回答を促すことは望ましく無い。対
象者が主体的に語ってくれるまで待つようにする。時には、語り
を引き出すことを諦める判断も重要である。

(9) 倫理的責任を意識すること

インタビューを通じて、対象者の秘密だったり、ネガティブな出
来事や思考について聴くことがあるかもしれない。そうした内容
について、口外することは許されない。また、前節でも触れたが
「記録」に残すべきか否かも慎重になるべきだろう。

(10) 不快感や緊張感を与えないような配慮を常に心がけること

インタビュアー自身の服装、表情、言葉づかい、座る位置、うな

ずき、視線の合わせ方など、対象者に不快感や緊張感を与える可能性は無いだろうか。インタビューを行う空間に、閉塞感はないだろうか。

　上記の基本態度のうち（1）の「傾聴」は実践するのはもちろんのこと、インタビュー対象者にその姿勢をしっかりと伝える工夫も検討されたい。その工夫のアイデアとして、臨床心理学者で心理士（師）でもある東畑（2022）が『聴く技術　聞いてもらう技術』の中で紹介している「聴く技術」の中から三つ抜粋して紹介する[8]。

　一つ目は、多少オーバーな反応を心がけることである。相手の語りに対して、目の開き具合や、口の引き締め具合、前傾姿勢等さまざまな反応を用いて傾聴していることを伝えることができる。しかし、これらの複数の手がかりを最初から使いこなすのは大変でもある。そこで、東畑が推奨しているのは「眉毛にしゃべらせる」ことである。眉毛の動きは基本的には上げるか、下げるかの2パターンしかないが、これを意識するだけでも十分に相手の語りを受け入れている様子を示すことができる。

　二つ目は、「7色の相槌を持つ」ことである。相槌のパターンを意識的に変えながら、自身が対象者の語りにあわせて、反応に変化していることを示す。何を話しても同じように「なるほど」と相槌を打つと相手からすると聞いているのか不安になってしまう。しかし、「うーん」「そうなんですね」「はい」などの相槌のパターンを複数自分の引き出しに持っておいて、それらをローテーションするだけでも、だいぶ話に合わせた反応をしているように見えるという。

　三つ目は、オウム返しである。「…という言葉を言われて、嬉しかった」と言われたら「"嬉しかった"んですね」と話す。不思議とこれだけで「それでね…」と相手が会話を続けやすくなることが多い。ただし、使い過

---

[8]　同書の中では、「所詮小手先」だけど「されど小手先」な手法として紹介されている。いざ「傾聴力」が大事であると言われてもなかなか具体的に何をすべきか分からない部分もあるため、まずテクニックとして試せるところから活用してみるのも良いだろう。

ぎると相手のことを馬鹿にしているように見えてしまうこともあるため注意が必要である。東畑は「オウム返し改」として「…ということであってますか?」と相手の発言の意味をオウム返しする手法を提案している。

これらのテクニックに加えて、社内の対象者をインタビューするのであれば、事前に相手の情報や状況を調べた上で実施できると良い。社内システムの社員検索でプロフィールをみてアイスブレイクで話題に挙げられる「共通の趣味」を見つけておいたり、社内で公開されているチャットツールにおけるその人の投稿からコミュニケーションのスタイルを把握したりすると、インタビューがしやすくなるだろう。これは、第1章で付言した通り、ピープルアナリティクスの担当者とインタビュー対象者の距離が近いからこそなせる業でもある。

また、著者はインタビュー終了後には、できるだけポジティブな観点で感想を伝えるようにしている。ピープルアナリティクスでのインタビューは、対象者の語りから、インタビュアー個人として「学び」が得られることが非常に多い。インタビュー中にこうした感想を伝えてしまうと後の語りに影響が出てしまうかもしれないが、インタビューの最後に伝える分には問題ないだろう。著者は相手が少し照れるくらいに褒めるような感想の伝え方をすることを心がけている。これもまた、担当者と対象者の距離が近いことを踏まえた上で、今後また違う場面で意見をうかがう機会があることを想定したときに、この担当者(やインタビューを実施した組織)に誠実に意見を話しても良いと思ってもらうための重要なテクニックである。

　ここまでは「聴く」データ収集の方法について実施方法やポイントを説明してきた。ここからは「観る」方法について紹介する。ピープルアナリティクスにおける観察は、いわば「組織エスノグラフィー」でもある。組織エスノグラフィーとは、主に企業組織を対象として、その企業文化などを詳細に解明しようとすることを目的とした研究手法のことである[9]。

　また、第2章でも触れた通り、「観察」には大まかに二つの種類がある。一つは、対象者から見た時に、完全に「観察者」として「観る」ことに徹する非参与的な観察と、逆に積極的に対象者とコミュケーションを取り、時にインタビュー等も交えながら対象者の認識に迫っていく参与的な観察である。もちろん、両者に優劣はなく、状況に応じて適切に使い分ける必要がある。例えば、対象者の業務を邪魔することなく、対象者の様子を観察したい場合は、シンプルに非参与観察の方法が取ることもある。一方で、組織開発の一環として、対象組織にある程度関わることが許されている場合には、参与観察を通じて十分に潤沢なデータを得ることもある。

　この「観察」の重要なポイントとして、石岡（2016）は「リアルタイムの社会認識」を挙げている。傍から見れば不合理な意思決定や行動も、ある状況や時間的制約性がある中では、本人たちにとっては合理的になる。こうした情報は、サーベイの集計や統計分析を行うだけではなかなか見出しにくい。例えば、ある部署では「有休消化」が十分実施されて

---

[9]　組織エスノグラフィーは、第2章で見た通り、生き生きとした現実を描写する上で、非常に強力な手段となる。このアプローチの有用性を感じるためには、実際のエスノグラフィーの結果がまとめられている文献をご覧いただく方が早いだろう。組織エスノグラフィーであれば、『組織エスノグラフィー』（金井ほか 2010）や『丼屋の経営　24時間営業の組織エスノグラフィー』（田中 2015）の着眼点やまとめ方が参考になる。

いない状況があったとする。こうした事実があることは、アクティビティデータを見れば一目瞭然だが、なぜそうした状況になっているのか、部署のメンバーはその状況についてどう思っているのかを知るためには、別のアプローチが必要である。メンバーはそうすることが「合理的」な状況に置かれている事情があるかもしれない。この例だと、業務繁忙もさることながら、「他の人も頑張っている中で、自分だけ休むことはできない」という暗黙の規範が部署に潜在しており、メンバーにとっては「有休」を取得しないことが合理的だったともいえる。こうした合理性を理解することで、「有休消化」がなされないからリマインドするといった単純な打ち手に留まらず、部署の業務繁忙の調整や、規範の自覚と変更に向けた組織開発施策の実施等、より根本的な課題解決に向けた打ち手を実施できるようになる。

4-3-1 フィールドノーツの書き方

　観察調査でもその観察について記録を行う。この記録は「フィールドノーツ」と呼ばれることもあり、後続の分析や解釈のための重要なデータとなる。図表4-3はそのサンプルである。これを十分に埋められるかどうかが、調査の成否を分けるといっても過言ではない[10]。

　ここでは、法橋ほか（2022）の記述区分に沿って、フィールドノーツの書き方を紹介していく[11]。まず、何よりも重要なのは、「事実」と「解釈」を分けて記述することである。そして、事実の記述は読んだだけでその

---

[10]　人類学の分野で提示される「厚い記述」という考え方もおさえておきたい。これは人類学者のクリフォード・ギアツによって提唱された考え方であり、特に観察調査を行う上での重要な観点を提示している（Geertz 1973=1987）。何が「厚い」のか。単純にフィールドノーツを付ける際に、5W1Hに沿ってメモを取るのではなく、観察対象者がその行為にどのような意味づけや解釈をしているか、さらにその意味づけや解釈について、観察を行う人がどのような意味づけや解釈を与えたかといった部分まで記述する。更に、その行為が行われた状況や文脈についても詳細な記述が行われることで初めて「厚い」記述となる。そのレベルでフィールドノーツが付けられていないと、観察した当人以外に状況が伝わらず、結果の共有や解釈、分析もうまくいかないことが懸念される（Geertz 1973=1987; 藤田・北村 2013）

[11]　ここでは、細かめな分類を紹介したが、まずは「事実」と「解釈」を分けて書くようにすることから始めるだけでも十分かもしれない。

図表 4-3 ◆ フィールドノーツのサンプル

記録日：　　　年　　　月　　　日（　　）		No.　　　/
場　所：		記録者：
時間	事実ノーツ	解釈/計画/個人ノーツ

映像が頭に浮かぶくらい詳細に記述する。また、事実ノーツには、イラストや写真等を用いても良い。後から確認したときに、何が起こっていたのかが事実として認識できる程度に、情報を記載しておくことが重要である。

　以下は、事実・解釈・計画・個人ノーツそれぞれの書き方とその例である。この書き方でなければならないという決まりはないが[12]、ざっくりと以下の四つの観点を大事にしながら、現場を観察することで、有益なデータが得られる可能性が高まるだろう。

事実ノーツ：客観的な事実のみを記載する。できるだけ具体的に、詳細な記載を心がける。
　　　　例）18:30（定時）のチャイムがなった瞬間に、新卒社員3人

---

[12]　記載の仕方も、様々な工夫がある。筆者は、こういったノーツを付ける際には、それぞれのノーツで記載する色を分けて記載し、後から見返しても分かりやすい形になるよう工夫している（四色ボールペン等で書き分けるイメージである）。また、ノーツをつける前に事前に記号を決めておく工夫もある。観察の対象者が事前に分かっている場合には、その対象者をイニシャルで控えるルールにするといった工夫で、分かりやすく・かつ効率的にノーツを付けることを意識している。

（山田さん・佐藤さん・高橋さん）が、課長の佐久間さんの方をチラリと見た。佐久間さんは、その視線に気づかず（？）に、そのままPCでの作業を続けた。その後、若手社員3人は、互いに目線を合わせて、PCでの作業に戻った。

解釈ノーツ：事実の観察を通して、記録者が解釈したことや仮説などを記載する。

例）新卒社員たちは、課長の様子をみながら退勤のタイミングを伺っている？　3人で目線を合わせていたということは、「帰りづらい」という共通認識を持っている？

計画ノーツ：観察と解釈に基づき、次に意識的に観察すべき事柄や、インタビュー等の計画を記載する。

例）新卒社員3人を対象にグループインタビューをしてみる？似たような現象が起こっている他部門の若手も入れた方が話しやすいかも。

個人ノーツ：観察と解釈の過程で、記録者の個人的な思いや感情を記載する。

例）自分も新卒入社してすぐ1ヶ月目は退勤するタイミングが分からなかった気がする。それを察した上司が定時になったら「帰れ〜」と言ってくれるようになり、帰りやすくなった。

4-3-2　何を記録するのか

　観察調査で特に注目して記録すべき要素について、太田（2019）は以下の6つを挙げている。最初はどのような要素でノーツを付けるべきか迷う場面も多いため、ひとまず以下のような要素を意識して記録できると良い。また、記録はあくまで手段であり、いかに「観察」を行うかが重要であることも、思い起こされたい。その際、以下は「観察」の観点としても役立つため、ぜひ実践で活用いただきたい。

(1) 活動と相互作用（人が行うこと）

観察対象が何をおこなっているかについて記録することが重要である。特に、観察調査において、実際に起きていた出来事を解釈と関係のないものも含めて、とにかく記述することを心がける。その際に、特定の行動（例えば、「Aさんが電話を取る」）だけではなく、他者との相互作用（例えば、「Aさんが電話を取った時に、BさんとCさんは会話を終わらせた」）にも着目することを心がけたい。

(2) 会話、言葉（人が言うこと）

観察対象者たちがどのような会話をしているのかにも着目したい。「会話の内容」だけではなく、「誰が誰に話しかけているのか」その様子を「誰が聞いているのか」も含めて注目する。言葉の選び方も解釈の手がかりとなることが多いため、言葉はできる限りそのままの形で記録できると良いだろう。

(3) 物理的環境

その場にどのような物がどのように配置されているのかという記述に加えて、それらがあることで、その場で求められる行動（例えば、「会議室の入口近くに椅子があるため、その椅子を避けながら入室する必要がある」など）にも着目すると良い。

(4) 人

観察している場にいる人について観察し、記録する。その場にいる人や、その人たちの役割、その場にいる理由、その場にいるべきだがいない人などに注目すると良い。職場の観察においては、既知の人物にどうしても注目しやすくなるが、知らない人物がいる場合は積極的にその人物の情報を集めることを心がけたい。

(5) 儀礼的行動

その場の人々が「常識」として捉えていることはなんだろうか。先ほどまで注目してきた要素に共通する暗黙の規範やルールはないだろうか。これまでの要素より少し鳥の目で、観察対象を見つめることでこうしたものに気づくことができるようになる。

（6）自分自身

　観察をしている自分自身は、観察対象にどのような影響を及ぼしているだろうか。「普段見ない人」が急にあらわれたことで、警戒されていないだろうか。こうした手がかりがあれば、記録しておく必要がある。また、その場で過ごしている自分自身はどのようなことを感じるだろうか。場に緊張感を覚えるだろうか、居心地の良さを感じるだろうか。そうした手がかりが解釈を進める上で役に立つだろう。

4-4 質的データの分析

　ここからは質的データの代表的な分析手法について解説する。質的データも、データ収集して終わりではなく、様々な方法を用いて情報を整理、要約し、アウトプットにまとめていくプロセスがある。主に、インタビューや観察調査で得られるデータは、言葉や文章で構成されるデータである。自分が書いたものであることもあれば、他の人が書いたものであることもある。そうした言葉や文章を、数値にこだわらない形でどのように取りまとめていけるのか、幾つかの方法を紹介する。なお、本書の紙幅の中では、各分析方法の細かな進め方までは紹介できていない。そのため、実際に実践される場合には、参考文献の書籍にその詳細な手順や注意点の記載があるため、本書を入口として参考にしていただきながら、実務で活用いただきたい。

4-4-1 分析に入る前に

　質的データの分析に入る前に、まず、これから分析対象となるインタビューや観察で得られた「記録」についてしっかりと点検を行うことが重要である。複数のインタビュアーや観察者がいた場合は、それぞれが記録した内容そのものや解釈について、認識をすり合わせる必要があるだろう。この際、何がなんでも必ず見解を一致させることが重要というよりは、自分が聞き落としたり、見落としていた事柄について「知る」ことや、一方的な解釈をしすぎていた場合にそのことに「気づく」ことに努めたい。こうした作業によって、新たな発見や考察が得られることも多い。記録を残したのが一人の場合でも、その内容について、他の人の視点で分かりにくい点等を確認してもらうことで、より分析に活かしやすい記録に調整していくことができるだろう。

4-4-2 抜粋・抽出

　一番シンプルな分析として「抜粋・抽出」がある。まずこれについて触れておきたい。質的データの特徴として、生き生きとした現実を描き出せることが挙げられる。この「生き生きとした」点を表現する上で、インタビュー調査であれば参加者の生の声を、観察調査であれば、自身が観察した現実を、全てではなくテーマや分析目的に適う部分のみ抜粋して、提示することで「物語モード」の報告を行う。全量を提示するのは、紙幅や情報量の観点からも難しいため、あくまで分析者の主観的な判断で重要だと思われる箇所を抜粋・抽出し、報告書等にまとめることになる。

　ポイントをデータから選り「分」けて、「析」出するという点では、分析における一つの手段であり、手軽に実施できるがゆえに、様々な場面で活用される。一方で、あくまで分析者の主観をもって、恣意的に情報が抜粋・析出される懸念もある。そのため、この抜粋や抽出作業は、その作業における基準を事前に決めたうえで、複数人で実施することもある。また、質的データから事象の構造を炙り出そうとする場合には、シンプルな抜粋と析出では難しくなってくるため、以降に紹介する体系化された分析手法を実施していくことになる。

4-4-3 KJ法

　KJ法は、文化人類学者の川喜田二郎が考案した質的データの分析手法である。インタビュー対象者の考え方の構造を明らかにしたり、観察で得られた場の力学を構造的に整理するような場面で有効だろう。KJ法は「発想法」や「創造技法」としても活用されており、実際にビジネスシーンで実施したことがある読者もいるかもしれない。

　KJ法では分析に着手するにあたり、まずインタビューや観察の記録を時間をかけて熟読する。その後、その記録のテキストを「意味」のまとまりの単位で取り出し、一行程度の「見出し」を付けて名刺サイズのカードに書き出す。見出しは名詞調よりも動詞調で名付けるとその後に

分析しやすい（田垣 2019）。そのカードに情報の補足説明を入れる。例えば、インタビューデータであれば、その語りを行った対象者のイニシャルや属性情報等を記載しておく。こうした作業を繰り返し、分析対象となる質的データを「カード化」していく。

　質的データの「カード化」が終わったら、それをシャッフルした上で机に広げる。そこから似た内容のカードをまとめて輪ゴムなどでまとめる。この作業を繰り返し、最終的に7個程度のグループにまとめることを目指していく。

　最終的に得られたグループ同士の「関係性」を見出していく。例えば、「社外との広い結びつきがある」というグループは、そもそも社内での「創造的な風土と雰囲気がある」グループと密接に関わっていると思われるので線で結んでみる。こうした「図解化」を行いながら、それぞれの関係性について「言語化」を行う。言語化の過程で、図解化が修正されることもある。

　アウトプットは図表4-4のようになる。これは、日本創造学会のWebサイトで「創造的な仕事と職場とは」というテーマでKJ法の例として紹介されているものに筆者が加工したものである。こうして整理された構造を元に、ネックになっているポイントや課題の根源を解釈しながら、その点について打ち手を検討していくこととなる。

4-4-4　グラウンデッド・セオリー・アプローチ（GTA）

　グラウンデッド・セオリー・アプローチ（GTA）は、質的データから「概念」を抽出し、その概念同士の関係性を見出して、その関係性をもとに「理論」の作成を目指す手法である（戈木 2019）。本節では、代表的なGTAの分析手順を確認する。戈木（2016）によると、GTAは「オープンコーディング」と「アキシャルコーディング」、そして「セレクティブコーディング」の段階を経て、実施される。コーディングとは、データに対して意味を見出し、一定のラベルを付与していく形で、まとめ上げていくプロセスである。そのため、データをじっくり読み込み、データの意図することについて思考を巡らせることになる。

図表 4-4 ◆ KJ 法の例

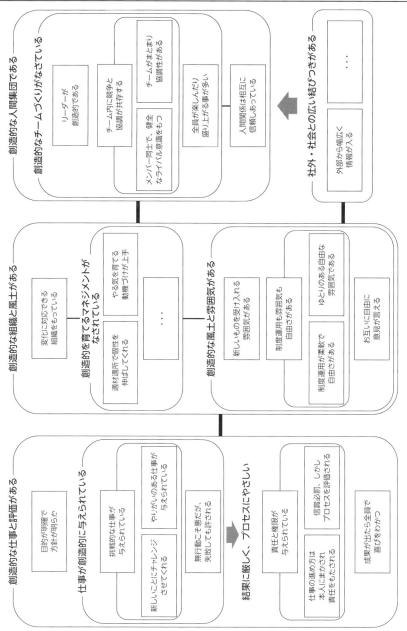

※日本創造学会ホームページの図表を参考に著者にて作成（2023 年 1 月 15 日取得、http://www.japancreativity. jp/category/kj.html）
　なお、本書の内容にあわせて、一部の表現を調整や省略をしている

まず、「オープンコーディング」の手順を確認する。はじめに、インタビューの発言録や観察調査のフィールドノーツ等の質的データを丁寧に読み込み、一つの文章や意味のあるまとまりごとに分解を行う。これは「切片化」と呼ばれる。その後、一旦元々の発言録の文脈は忘れたうえで、分解したまとまりごとに、プロパティ（切り口・視点）とディメンション（中身・内容）を書き出していく。その後、「プロパティ」と「ディメンション」の記述を参考し、意味のまとまりに名前をつける。この作業は「ラベル」の付与と呼ばれる。その後、元のまとまり（切片）のデータとの対応を確認し、ラベル名が適切かを検討する。ラベルの付与が完了したら、似たラベル同士をまとめてラベルの上位概念の「カテゴリー」名を付与する。カテゴリー名を付与した後も、元のまとまりのデータに戻り、そのカテゴリー名が適当かを検討する。

　少し耳慣れない単語が多いため、実際の事例をもとに、ここまでの作業の様子を確認しておこう

　図表 4-5 は、就労者の心身の健康に影響を与えるような仕事からの「切り替え」の困難さの生起過程を探求した内村（2020）を参考に、オープンコーディングの実施例を作成したものである。どちらの表組も左から二番目の列に、分析の元となるインタビューの発言データ（切片）があり、その右隣に「プロパティ」を記載する欄がある。プロパティは、いわばデータを見る切り口や視点であるため、この例では一番上の発言について「相手との関係性」「相手の主張への納得感」「相手の怒り表出」といった切り口をどんどん書き出していることが分かる。その切り口に対する中身や内容を、隣の「ディメンション」に記載する。問題解決へのこだわりに対応するディメンションとして、「強い」と記載がある。このように、プロパティとディメンションは対応関係を持ちながら、各データ（切片）について理解を深めていく。そして、最終的にそのようなプロパティとディメンションを踏まえ、各切片にカテゴリーを付与していく。左の例は「（うまく切り替えができない状態を生むような）出来事への表面化」、右の例は「苦痛を伴う問題解決策の案出」といったカテゴリーを見出している。

図表 4-5 ◆ ラベルとカテゴリーの抽出過程

カテゴリー：苦痛を伴う問題解決策の案出

切片番号	データ	プロパティ	ディメンション	ラベル
31	（社内での発表の）腑に落ちるストーリーができない時に、まだなんかもやもやしていて、で、一応その日はもう終わりって帰るんですけど、まだ多分自分の中で、いうか、消化されてないというか、持ち越せばいいんだって、翌日に何か考えてる気はします。	問題の解決度	低い	
		苦痛感	中程度	思考抑制の失敗
		解決へのこだわり	強い	
32	（考え続けることを例えて）ずっとトンネルほってるんだけど、全然出口が見えないようだな。	問題の解決度	低い	
		解決の見通し	低い	先の見えない苦痛
		苦痛感	大きい	

カテゴリー：出来事への直面化

切片番号	データ	プロパティ	ディメンション	ラベル
1	絶対に二度ともうちの店に来たこと無いお客さんなのに「俺が来たなら"いつもの"をすぐに出せ！」と言っていることがよく分からなくて。	相手との関係性	低い	
		相手の主張への納得感	低い	一方的で理不尽な顧客の要求
		相手の怒り表出	高い	
2	さすがに今までに体験したことが無かったタイプのトラブルで、かなり動揺しました。その時はベテランのスタッフもいなかったんで、とにかく、今すぐに自分でなんとかしなきゃ、と思いました。	解決への意識	高い	
		出来事への慣れ	低い	慣れないトラブルに対する責任感
		資源へのアクセス	低い	

※内村（2020）を参考に、著者にて作成。記述内容は抽出過程理解のために、著者が作成した架空のものであり、同文献で示されているものとは異なるので注意。

オープンコーディングが完了したら、次は、「アキシャルコーディング」という段階に入る。この作業では、まず、オープンコーディングで付与したカテゴリー同士を結合させていく。この時に、一つのカテゴリーが複数のグループに所属する場合もある。ここでは、カテゴリー同士の関連を図で表現した「カテゴリー関連図」を作成する。これは、図表4-6のようなイメージで構成される、カテゴリー同士の関係をプロパティとディメンションを踏まえて一枚絵にまとめたアウトプットである（内村2020）。関連図ができたら、その関連図を表象する文章を作成する。こ

図表 4-6 ◆ カテゴリー関連図（仕事からの「切り替えられなさ」の生起過程の検討）

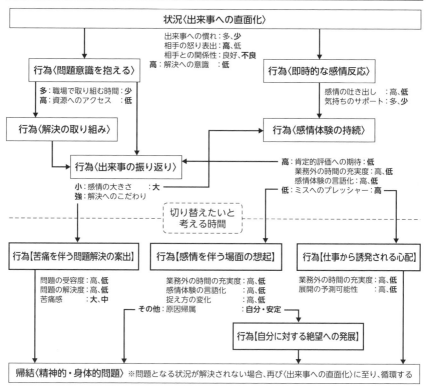

【 】中心となるカテゴリー　〈 〉カテゴリー　各ボックス下のテキスト プロパティ、ディメンション（太字は、次の現象に接続するもの）
　　「切り替えたいと考える時間」は、本来ディメンションとして表記するが「仕事からの切り替えられなさ」を経験する場合に共通する
　　特徴なので、図の体裁で記載。
　　この図では簡略化しているが、プロパティやディメンションに対して、該当する切片データのIDを併記することも多い。

※内村（2020）を参考に、著者にて作成。なお、一部のプロパティ名等を変更、省略している。

の文章が現象を説明する「理論」となる。これをケースごとに行っていく。例えば、同じテーマの下で複数のグループインタビューを行った場合、その行った回ごとにカテゴリー関連図を構成していくイメージである。

　より複雑な社会現象に迫ろうとする場合、アキシャルコーディングで作成した幾つもの現象ごとの関連図を参照しながら、カテゴリー同士をさらに結び付けていく。アキシャルコーディングは、あくまで単一のテーマや一つの小現象を表現するカテゴリー間の関連を表現するものだが、社会現象はそういった幾つものテーマや現象が折り重なることで、その現象として現われていることもある。このように、アキシャルコーディングの結果をさらに関連付けることを、「セレクティブコーディング」と呼ばれる。基本的には、アキシャルコーディングで生まれたカテゴリー（あるいはその関連図を表象する理論）をもとに、関連性を見出していき、関連図にまとめていく。そして最後にその関連図を表現する文章こそが「理論」となる。

　GTA は、上記のカテゴリーやカテゴリー間の関係性について、新しい発見がなくなるまで、上記のプロセスを繰り返していく点に特徴がある。これは、「理論的飽和」とも呼ばれる。とことんデータを向き合い、対話的に解釈を深め、カテゴリーもとい「理論」を抽出するアプローチである。実践例としては、例示した内村（2020）以外にも、戈木（2016）や海上（2018）が参考になるだろう。

　補足として、修正版グラウンデッド・セオリー・アプローチ（M-GTA）という方法も提案されている。これは木下（2003; 2007）が提唱した方法であり、特徴として M-GTA では「切片化」を行わず、分析者がデータと対話する中で発見した概念毎に「分析ワークシート」を作成する。その際、GTA のように「意味のまとまり」を細かく洗い出すことはせず、分析目的やその結果の活用を踏まえた上で、分析者自身が質的データの中から自由に概念を抽出することとなる。詳細は、木下（2003; 2007）を参照いただくと共に、実践例としては三好・岡田（2017）や田中・中原（2017）が分かりやすいので、実践の際の参考にしていただきたい。

GTA は実際に入門書や手順書を手元に置きながら、少数のデータで実践してみることをお勧めする。プロパティやディメンション、カテゴリーの構成といった分析は、一朝一夕でなかなかできるものではなく、練習をして実務で初めて使えるようになる。本書で参考した文献や、その他 GTA や M-GTA を利用した研究は沢山あるので、ぜひご自身で学習いただきたい。

4-4-5 ▶ カテゴリー分析

　もう一つ、実務でよく使われる分析方法として、カテゴリー分析を紹介する。これは、文字通りインタビューの発言内容等のデータから、一定の「カテゴリー」を析出し、どのような「カテゴリー」が出現するのか、場合によってはその「量」にも着目し、要点ついて理解を深める分析である。KJ 法や GTA のアプローチと考え方や方法が重複する部分もあるが、KJ 法や GTA よりも比較的シンプルな手順となっている。具体的にその手順を確認しておこう。

　『労働・職場調査ガイドブック』では、カテゴリー分析の進め方の紹介がある（荒木 2020）。まず、分析者の A さんがインタビューの参加者の発言をすべてデータに書き起こし、そこから読み取れる幾つかの「カテゴリー」を析出した（図表 4-7 の左表）。このカテゴリーはあくまで、その分析者が析出したカテゴリーであるため、分析協力者である B さんにも、同様の作業を行ってもらい、データからカテゴリーを抽出し、見比べた。この時点で大きな不一致があるようであれば、カテゴリーの種類や定義について調整を行うこともある。

　そして、カテゴリーの定義についてある程度の共通理解が得られれば、具体的にインタビューの発言について、該当するカテゴリーを付与していく（図表 4-7 の右表）[13]。これも A さんが付与した結果と B さんが付与した結果を見比べて、もし不一致の部分があれば、その部分について話

---

[13]　その際、発言の全量に対してカテゴリーを付与するというよりは、重要な箇所だけ抜粋して、その部分についてカテゴリーを付与することもある（荒木 2020）。

図表 4-7 ◆ カテゴリー分析で用いる定義とワークシート

分析に用いるカテゴリー		カテゴリー分類に用いるワークシートイメージ		
カテゴリ	**定義**	**発話内容**	Aさん カテゴリー	Bさん カテゴリー
自分の担当する仕事への「飽き」	目の前の仕事を卒なくこなせるようになってきたが、それ以上の自分の成長に繋がる仕事に従事できなくなり、停滞感を感じる	キャリアに明確に不満を抱いたのは、入社3年目の春あたりに、ある程度今の仕事が一人で回せるようになって。でも、新しい仕事を任せてもらえるとかもなくて、このままだとまずいと思ったんですよね。	飽き	飽き
周囲の昇格等による「焦り」	同じような仕事をしている周囲の人がどんどん昇格する中で、自分はなかなか昇格できず、その理由も分からないから焦る 結果、この会社ではキャリアはないと悟る	今の仕事、嫌いじゃないんですけど。毎日ひたすら同じ作業で、自分あと数年同じこと続けていたら腐っちゃうかもって危機感が湧いてきた。それが、半年前。それで別の自分が成長できそうな新しい仕事探し始めた。	話し合い 飽き 焦り ⇄	焦り
上司の言動による「諦観」	上司にキャリアの意向を伝えてもないがしろにされ、無関心。目の前の仕事のことについてしか話してくれないことで、この職場にいても何も変わらないと感じる	今の上司に、企画の仕事にチャレンジしたいって伝えたんですけど、後1年は下積みが必要みたいなこと言われて。下積みってなんだよって感じで。納得できなかったのが、この会社でキャリア形成に不満を抱きました。	諦観	諦観
…	…	…	…	…

※荒木（2020: 125-126）を参考に筆者にて作成。カテゴリーや定義下の記載内容は筆者にて追加

し合いを行い、カテゴリーの修正を行う。例えば、図表 4-7 の例では、中段の発言について、A さんと B さんの見解に不一致が見られたので、それぞれどういう観点から、この発言はこのカテゴリーだと考えたのかについて意見交換し、いずれかに定めていく。このように、一人で分析すると偏った見方をしてしまうリスクがあるため、複数人で同様の作業を行い、相互に確認しながら分析を進めることで、カテゴリーの妥当性を担保しようとしている。

　このようにして、カテゴリーが一通り発言（データ）に付与できると、"結局のところ" このインタビューではどのような話が出てきており、多かったのか、といった観点で「要約」ができる。また、このカテゴリーの出現頻度を数え上げることで、インタビューの結果を量的に解釈できる余地がある点もポイントである。この分析の使いどころとしては、膨大なインタビューの発言をそのまま提示するのではなく、ある程度インタビューで得られた知見を要約して提示したい場合には有効である。

一方で、この分析は、出てきた発言に対してカテゴリーを付与していく、比較的分かりやすいプロセスでその結果を「要約」しようとしているに過ぎない。KJ法やGTAのように、発言同士の関連性やその背後にある構造を浮き彫りにするようなアプローチではないため、注意が必要である。

4-4-6 質的データ分析実施のためのポイント

本章の締めくくりとして、質的データ分析を実施する際のポイントをまとめておこう。ここまで見てきたKJ法やGTA、カテゴリー分析は、いずれも膨大なインタビューの発言録や観察調査のフィールドノーツを元に、その情報を「要約」し、その背景にある要素について「解釈」を深めていこうとしていると理解される。キーワードは「要約」と「解釈」であると筆者は考えている。この二つの作業を体系化された分析の方法論をもって、丁寧に行うことが質的データ分析のポイントである。分析の過程や成果物を見ながら、果たしてこの分析はうまく「要約」「解釈」できているのだろうかという点で点検、自問いただけると、分析の過不足に気付くことがあるかもしれない。

もう一つのポイントとして、分析を個人で行うこともできるのだが、複数人で考え方を擦り合わせながら、協働で分析を行い、アウトプットにまとめていくこともある点を挙げておこう。分析者個人もまた一人の人間であり、「主観」として偏った見方をしてしまうことを避けるために、複数人が分析に関わってくることとなる。数字のように大小や関数的な法則が見出せない（あるいは見出しにくい）データだからこそ、上記のようなアプローチで過度な「主観性」を緩和しようとしているとも理解される。できるのであれば、慣れないうちは、複数人で試行錯誤しながら、分析を実施できると良いだろう。

最後に、実践のためのポイントとして、質的データ分析に慣れていない場合は、いきなり大規模なプロジェクトで実施してみるのではなく、まずは少量のデータで、身近なケースで試してみることをお勧めする。そうした小さな取り組みの中で、ある程度「勝手」を学んでもらった上で、

他の場面での応用可能性を模索されたい。更に、繰り返しになるが、小さな取り組みで実施する場合でも、周囲のメンバーと協働で試行できるとより学びが深まる可能性がある。自分の観点の偏りや、他の人の物の見方に気づきを得ながら、分析の引き出しにしてもらえると幸いである[14]。

---

[14] 質的データの分析を実施される際には、参考文献の詳細な説明もぜひご覧いただきたい。特に参考になる書籍を幾つか紹介する。データをコーディングし、カテゴリーにまとめ上げていくという点では『質的データ分析法』（佐藤 2008）が参考になる。コーディングの方法や報告書の作り方まで、幅広く参考になる知見が凝縮されている。また質的データ分析は、データを読みながらコードやカテゴリー生成することが多く、その際上手くコードを案出できないといった課題に直面することもある。そうした場面では『質的研究の考え方』（大谷 2021）が提案する「SCAT (Step for Coding and Theorization)」といった方法も役立つ可能性があるため、必要に応じて参照されたい。

> ### コラム
>
> ## 人材と組織に関するデータ利活用の原則、管理
>
> ここまで、量的・質的データの収集と分析について、整理を行ってきた。このコラムでは、データを利活用する際に留意されたい、個人情報保護やデータの管理の問題について言及する。
>
> 第1章では、一般社団法人ピープルアナリティクス＆HRテクノロジー協会が2020年に『人事データ利活用原則』を策定したことに付言した。現在は、個人情報保護法の2020年改正の内容も踏まえた原則がインターネット上で公開されている。これは、人事データ（本書でいうところの人材と組織に関わるデータ）を取り扱う企業や事業者に対して、利活用上の留意点を明確化し、その遵守を促すガイドラインである。内容は、以下の通り九つの原則から構成されている（付録にて全文掲載しているため、詳細はそちらで確認されたい）。
>
> ・データ利活用による効用最大化の原則
> ・目的明確化の原則

- 利用制限の原則
- 適正取得原則
- 正確性、最新性、公平性原則
- セキュリティ確保の原則
- アカウンタビリティの原則
- 責任所在明確化の原則
- 人間関与原則

　重要な点として、ピープルアナリティクスで活用するデータは、個人情報やセンシティブな情報であることが多いことをおさえておく必要がある。ゆえに、担当者が思うままに利活用して良いものではなく、個人情報保護法の遵守は当然のこと、倫理的な配慮を含めて、細心の注意を払う必要がある。ピープルアナリティクス担当者であれば、少なくとも『原則』は一度ご覧いただいた方が良いだろう。自社の実態と照らして、未整備なルールや注意すべき取り組みがあれば、十分に検討された上で、ピープルアナリティクスを推進されたい。

　その実現のためには、データの「管理」の重要性も認識しておきたい。分析するデータや結果は、誰でも閲覧、編集できるところで管理するのではなく、然るべき人がアクセスできる環境で管理を行う必要がある。また、各担当者が自分の手元でデータを管理するのではなく、システムでの一元管理やデータレイク等の基盤への連携を含め、管理の仕組みの整備についても検討できると良い。これは、量的データ「だけ」の話として語られがちだが、質的データの管理についても同様である。面談の記録、自身の職場観察のメモも含め、人材と組織に関する情報はもれなく厳重に管理されるべきである。管理ルールの整備含め、ピープルアナリティクス担当者は、自分たちがデータを利活用しやすい環境整備についても、配意しておけると良い。上記のような論点、タスクを組織的に進めていくためのポイントは、第6章でも改めて丁寧に付言する。

荒木淳子，2020，「働く人の学びを捉える：質的データからのカテゴリー析出」梅崎修・池田心豪・藤本真編，『労働・職場調査ガイドブック：多様な手法で探索する働く人たちの世界』中央経済社，125-128.

Bruner, Jerome 1986, Possible Worlds, Actual Minds, Carmbridge: Harvard University Press.（田中一彦 訳，1998，『可能世界の心理』みすず書房.）

Geertz, Clifford, 1973, *The interpretation of cultures*, New York: Basic Books.（吉田禎吾・柳川啓一・中牧弘允・板橋作美 訳，1987，『文化の解釈学』岩波書店.）

Graham R. Gibbs, 2007, *Analyzing qualitive data (2nd.e.d.)*, London: SAGE Publications Ltd.（砂上史子・一柳智紀・一柳梢 訳，2017，『質的データの分析』新曜社.）

東畑開人，2022，『聴く技術　聞いてもらう技術』筑摩書房.

法橋尚宏・太田浩子・林綺婷・和辻雄仁，2022，「エスノグラフィックリサーチの方法と研究事例」『日本看護研究学会雑誌』45, .159-175.

藤田結子・北村文，2013，『現代エスノグラフィー：新しいフィールドワークの理論と実践』新曜社.

石岡丈昇，2016，「参与観察」岸政彦・石岡丈昇・丸山里美 編『質的社会調査の方法：他者の合理性の理解社会学』有斐閣，95-153.

木下康仁，2003，『グラウンデッド・セオリー・アプローチの実践』弘文堂.

―――，2007，『ライブ講義 M-GTA：実践的質的研究法』弘文堂.

金井壽宏・佐藤郁哉・ギオデン・ワンダ・ジョン・ヴァン・マーネン 編著，2010，『組織エスノグラフィー』有斐閣.

前川あさ美，2004，「面接法」高野陽太郎・岡隆 編，2004，『心理学研究法：心を見つめる科学のまなざし』有斐閣アルマ，257-283.

Merriam, S. B., 1998, *Qualitative Research and Case Study Applications in Education: Revised and Expanded from Case Study Research in Education*, CA: Jossey-Bass Publishers.（堀薫夫・久保真人・成島美弥 訳，2004，『質的調査法入門：教育における調査法とケース・スタディ』ミネルヴァ書房.）

三好きよみ・岡田昌毅，2017，「IT 系プロジェクトマネージャの熟達プロセスの探索的検討」『産業・組織心理学研究』30, 143-157.

中原淳・関根雅泰・島村公俊・林博之，2022，『研修開発入門「研修評価」の教科書：「数字」と「物語」で経営・現場をかえる』ダイヤモンド社.

太田裕子，2019『はじめて「質的研究」を「書く」あなたへ：研究計画から論文作成まで』東京図書.

大谷尚，2021，『質的研究の考え方：研究方法論から SCAT による分析まで』名古屋大学出版会.

戈木クレイグヒル滋子，2016，『グラウンデッド・セオリー・アプローチ 改訂版：理論を生みだすまで』新曜社.

―――，2019，「グラウンデッド・セオリー・アプローチ」サトウタツヤ・春田秀郎・神崎真実 編，2019，『質的研究法マッピング　特徴をつかみ、活用するために』新曜社，102-107.

佐藤郁哉，2008，『質的データ分析法：原理・方法・実践』新曜社.

田垣正晋，2019，「KJ 法」サトウタツヤ・春田秀郎・神崎真実 編，『質的研究法マッピング：特徴をつかみ、活用するために』新曜社，52-58.

第**4**章　質的アプローチ

高橋誠，2023，「２．収束技法－空間型法［1. KJ 法 ］」日本創造学会ホームページ，（2023 年 1 月 15 日取得，http://www.japancreativity.jp/category/kj.html）．

田中研之輔，2015，『丼屋の経営：24 時間営業の組織エスノグラフィー』法律文化社．

田中聡・中原淳，2017，「新規事業創出経験を通じた中堅管理職の学習に関する実証的研究」『経営行動科学』30（1），.13-29.

徳田治子，2019，「インタビュー」サトウタツヤ・春田秀郎・神崎真実 編，『質的研究法マッピング：特徴をつかみ、活用するために』新曜社，204-210.

内村慶次，2020，「働く人の「切り替えられなさ」の生起過程に関する質的研究－反復性思考に着目して－」『産業・組織心理学研究』34, 3-17.

梅澤伸嘉，1993，『実践グループインタビュー入門：消費者心理がよくわかる』ダイヤモンド社．

海上泰生，2018，「中小企業において順調な人材育成の実現を促す各種の要因と具体的な組織的取り組み」，『日本中小企業学会論集』37, .236-249.

第5章

ピープルアナリティクスの実践例

この章では、量的・質的アプローチを組み合わせながらデータを収集・分析し、人材と組織の「理解」を深めていくプロジェクトのイメージを確認する。具体的に人材と組織の「理解」が必要な場面を想定しながら、幾つかの事例を通じて両アプローチの組み合わせ方のポイントをおさえていくことにしよう。特に、実務でよく利用する方法として「サーベイ」「インタビュー」「観察調査」とその分析手法について紹介してきたが、本章でもこれらの方法の組み合わせについて紹介する。本章の事例は、筆者らが主催するピープルアナリティクスの研究会で紹介された企業事例や、筆者らの経験を参考にしながら構成されたものである。架空の事例なので、話として出来過ぎているかもしれないが、架空だからこそ、実際の事例紹介では出てきにくいコツや留意点にも触れながら、みていくことにしよう。

　当然だが、実務を想定したときに量的・質的アプローチの実践方法やその組み合わせ方に、正攻法はない。そのため、本章で紹介する事例も「自身の業務に応用するならばこうするかも」「自社に当てはめるとこういうやり方もできるかも」といった観点でご覧いただけるとありがたい。また、あくまで「組み合わせ方」をイメージいただくことに焦点を当てているため、詳細の収集・分析方法の説明は簡略化している部分もある。自社で使えそうな方法の目途がつけば、ぜひその方法の詳細な使いこなし方についても参考文献等を確認しながら実践いただきたい。

　本章では以下の四つの場面におけるピープルアナリティクスプロジェクトの様子を見ていくことになる。それぞれ量的・質的アプローチを組み合わせて、各場面の中で人材と組織の「理解」を深めようとする事例である。

5-1 採用基準の見直し
5-2 社員の離職防止
5-3 研修の効果測定
5-4 エンゲイジメント向上

それぞれの事例を見ていく前に、量的・質的アプローチを伴う「理解」のためのプロジェクトがどのように進むのか、その流れの大枠を確認しておこう。図表5-1は、実務におけるプロジェクトの全体的な流れのイメージである。

まず、プロジェクトとして人材と組織の「理解」をしようとしたときに、そのプロジェクトはデータ「分析」に関わるものとデータ「収集」に関わるものに大別される。重要な点は、既にあるデータの分析だけを行うことがピープルアナリティクスではなく、分析できるデータがないならば、量的・質的データを収集することもまた、その業務範囲に含めている点である。そして時には、何度もデータ収集と分析を行き来しながら、人材と組織を「理解」しようとする。

では、それぞれのプロジェクトの進め方のポイントについて確認しておこう。まず、データ分析プロジェクトの流れで重要な点として、いきなりデータ分析タスクに取り組むのではなく、どのような効果が期待されるのか、どのような施策や判断を実行するのか、そのための分析方法やデータが何かといった点について、事前に「要件」を定義することが重要である。これは、関係者と円滑にプロジェクトを進めていくために

は欠かせないプロセスであり、「要件定義」と呼ばれる。

　また、分析できるデータがない場合や足りない場合は、データを収集することになる。その収集のプロジェクトにおいても、データを収集して終わりではなく、事前に収集の目的や内容について整理をし、さらに収集した先のデータの管理や運用までを事前に要件として決めておきたい。ポイントとして、データを取得して、当座の分析をして終わりではなく、そのデータを他の人でも使えるようにし、数日後や数年後でも使えるように管理しておくために、どのような運用方法を取るべきかについても考えておく必要がある。このように、データを収集し、分析プロジェクトに繋げていくような流れが設計できると、それぞれのプロジェクトが路頭に迷うことも少なくなるだろうし、プロジェクトの成功も期待できる。

　プロジェクトを設計するにあたっては、図表5-2のような要件定義書をもとに、概要を整理できると良い。図表5-2の左のシートは『教科書』に掲載されているデータ分析の要件を整理するシートである（ピープルアナリティクス＆HRテクノロジー協会2020）。図表5-2の右のシートは、データ収集プロジェクトの要件を整理するためのシートである。事業要件に始まり、データ収集のための要件や、管理するための要件を決めていくことになる。特に収集要件の部分は、『マーケティングリサーチとデータ分析の基本』を参考に構成した（中野2018）。データを集める理由や、数・構成・方法や項目等、収集するデータを特徴づける情報を（必要な範囲で）事前に整理しておけると良い。更に、収集のための参考資料として、先行研究や過去の社内資料もメモしておくことで、出鱈目なデータを集めようとしているわけではないことも説明できる[1]。このようなシートの各項目を、プロジェクト開始前に埋めた上で関係者と合意することが重要である。筆者も、これらのシートをプロジェクト開

[1]　例えば、サーベイを設計する際には、先行研究の心理尺度を用いる可能性がある。そうした場合には、何から引用してきた尺度なのか説明が必要な場面もある。その他、新たにデータを集めようとするときには、データの性質や集め方について様々な資料にあたることが多いため、こういったメモ欄があると関係者に収集の論拠を示しやすくなる。

始前に作成し、要件を整理して、ピープルアナリティクスプロジェクトを進めることが多い。

　では、この要件定義書は、実際のプロジェクト上でどのように利用されるのだろうか。そのイメージを図表5-3に示す。

　図表5-3は一例だが、複数のデータ収集と分析を繰り返しながら進んでいくプロジェクトだとする。データ収集を三段階（Phase）に分けて実施することになっているため、収集の要件定義をPhaseごとに実施する。それぞれデータを収集した後には、データの要約や分析を行うが、その際には分析の要件定義をPhaseごとに実施できると良い。ただし、プロジェクト全体を通じて、共通する事業要件やスケジュール等は毎度要件定義書に書く必要はない。必要な箇所だけ記載した文書を、プロジェクト単位できちんと文書として管理できていれば問題ない。

　さて、このような要件定義書をしっかり書こうとすると、それなりの時間と労力がかかることが想定されるが、なぜここまで丁寧に書く必要があるのか。幾つか理由がある。まず、一つ目の大事な理由として、「プロジェクトの途中で道に迷わないようにするため」である。プロジェクトを通じて達成したかったことは、プロジェクトを進めていく中で知らず知らずのうちにずれることがある。関係者が多いと、関係者間でそれぞれ成果物のイメージが異なっていた場合、収集や分析に手戻りが生じる可能性がある。そうなると非効率的であり、最悪の場合プロジェクトが頓挫することになる。要件定義書を面倒でも用意しておくことで、ズレ始めた時の確認や関係者との認識合わせ等に活用できる。もう一つ重要な観点として、「記録のため」という理由もある。データの収集や分析は専門知識が伴う作業であるがゆえに、作業者の頭の中に閉じた作業プロセスになりやすい。少なくとも要件定義が記録として残っていなければ、その作業者がいなくなった際に、誰もプロジェクトを振り返ることができなくなる。記録が残っていると、未来のピープルアナリティクス担当者が過去の取り組みを振り返る際に、各プロジェクトがどのような事情でどのような情報を集めたのかが一目で分かるようになる。過去の要件を参考に新たにプロジェクトを興すことも期待される。

図表 5-2 ◆ 要件定義書のイメージ

データ分析プロジェクト簡易要件定義書

No.	項目	記入事項
	プロジェクト名	
事業課題要件		
1	依頼組織、依頼者	
2	目標とする成果／達成条件	
3	背景、課題	
4	施策：課題に対して誰が何をするか	
5	期限：いつまでに解決したいか	
分析要件		
	分析目的	//
6	・誰に	
7	・どんな情報を	
8	・どれくらいの頻度で提供するか	
9	・どのような行動を引きおこそうとするか	
	アウトプットイメージ	//
10	・作成・共有ツール	
11	・表現方法	
12	・分析手法	
13	アウトプットの詳細情報（分析区分等）	
14	アウトプット作成プロセス（手順）	
データ要件		
15	データの粒度	
16	必要なカラム	
17	データ抽出条件	
18	検算方法	
スケジュール・予算／費用対効果・プロジェクト体制		
19	マイルストーン、スケジュール概要	
20	予算／費用対効果	
	プロジェクト体制	//
21	・プロジェクトマネジメント担当者	
22	・分析担当者	
23	・データエンジニアリング担当者	
24	・データ、分析基盤担当者	
その他特記事項		
25		

※『教科書』図表 5-6（ピープルアナリティクス＆ HR テクノロジー協会 2020:124）の要件定義書を抜粋

データ収集プロジェクト簡易要件定義書

No.	項目	記入事項
	プロジェクト名	
	事業課題要件	
1	依頼組織、依頼者	
2	目標とする成果／達成条件	
3	背景、課題	
4	施策：課題に対して誰が何をするか	
5	期限：いつまでに解決したいか	
	収集要件	
	収集目的	//
6	・なぜ集めるのか	
7	・集めた結果どうするか	
	収集対象	//
8	対象	
9	・収集するデータの数	
10	・収集するデータの構成	
11	方法	
12	項目	
13	利用目的の明示、同意	
14	収集場の留意点	
	参考資料	//
15	・先行研究、外部調査	
16	・参考にする過去社内資料	
	管理方法	
17	データの管理場所	
18	データのアクセス権	
	スケジュール・予算／費用対効果・プロジェクト体制	
19	マイルストーン、スケジュール概要	
20	予算／費用対効果	
	プロジェクト体制	//
21	・プロジェクトマネジメント担当者	
22	・データ収集担当者	
23	・データ管理担当者	
24	・データ管理責任者	
	その他特記事項	
25		

※『マーケティングリサーチとデータ分析の基本』（電子版位置 No.629）及び『教科書』図表 5-6（ピープルア
ナリティクス＆ HR テクノロジー協会 2020:124）を参考に、筆者にて作成

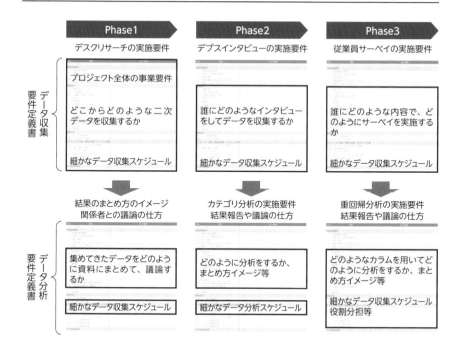

ただし、全ての収集や分析タスクについて完璧な要件定義書が必要かでいうとそうでもない。上記の理由に照らしながら、どの程度の要件定義ができていれば良いかはケースバイケースであるため、担当者や組織の判断に依る。筆者の場合だと、規模が大きくない分析や収集の場合には、分析目的や使用したデータ、手法など最低限の項目を埋めた要件定義書を用意することが多いが、関係者が多い場合や長期にわたる複雑なプロジェクトの場合には、収集や分析のタスクごとになぜそのタスクが必要だったのかも含めて、丁寧に要件定義書を書くような形で使い分けている。

ここまで、データの収集や分析の要件定義の重要性を強調してきた。最後に、幾つかの留意点に付言して、いよいよ具体的な事例の紹介に移っていこう。まず、前提として図表 5-2 のような要件定義書はピープルアナリティクスにおける「理解」のためのプロジェクトを進める上で必要

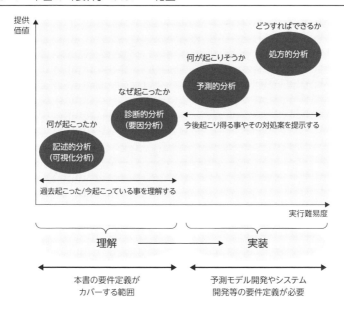

図表 5-4 ◆ 本書の「要件」のカバー範囲

になるものである。他の場面では、今回紹介するシートと異なる観点が
必要になることもある。図表 5-4 はその考え方を整理したものである。
「理解」とは別に、ピープルアナリティクスを意思決定や情報提供プロ
セスに織り込んでいく「実装」に近い話になってくると、また別の要件
の定義が必要になってくるため、注意されたい[2]。

　さらに、図表 5-2 の要件定義書は、各社の実態に応じてカスタマイズ
する余地も十分残されている。自社で既に活用されている要件定義関連
のフォーマットと同期を取る、あるいは自社において説明責任を果たす
必要がある観点がもしあればどんどん追加をして、自社オリジナルの
シートを構成するのも、ピープルアナリティクス担当者の重要な役割で

---

[2]　『システムを作らせる技術』では、システム開発における要件定義のポイントについて解説がある。
　　例えば、システムの機能を決めるにあたっては、ファンクショナリティマトリクスといった考え方をもっ
　　て、無数にあるシステムの機能を整理していく方法が示されている（白川・濱本 2021）。システムやア
　　プリケーション開発を伴う「実装」的なピープルアナリティクスを実際される場合には、そうした要件
　　定義の仕方も参照されたい。

ある。メモ欄を設けたり、上記についてより詳細な項目を設けたり、もっとこうすれば良くなるのではないか、といった点があればぜひ柔軟に再構築しながら、運用しやすい形式を発見いただきたい。

　これ以降に紹介する事例を読み解く上での留意点も述べておく。本章は、プロジェクト全体としてどのような観点で特定のデータ収集や分析のアプローチを採用し、組み合わせていくのかについてイメージを持っていただくことを目的としている。本来はそれぞれの収集、分析に差し当たって詳細な要件定義を紹介したいものの、趣旨としてその組み合わせ方の大まかなイメージを持つことに力点を置くため、図表5-5のようなプロジェクトにおける収集と分析の全体的な流れを示す概要の掲載と一部の重要な手法のみ要件定義書を掲載する内容になっている点に留意いただきたい。その点も踏まえながら、事例をもとに自社での取り組みイメージを膨らませていただけると幸いである。

図表 5-5 ◆ プロジェクトにおける収集と分析の全体的な流れ

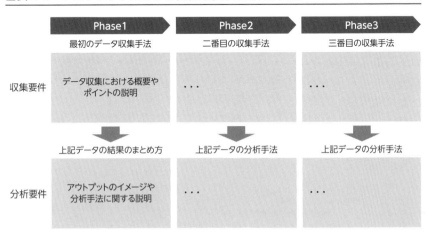

※この整理における「分析」は統計分析等に限らず、収集したデータを整理、解釈する広義の意味で使用

はじめに、「採用」におけるピープルアナリティクスの事例を確認していこう。あなたは、A社の人事部に一人目のデータアナリストとして転職してきた。A社は、飲食店を紹介するWebサービスを運営するプライム上場企業であり、社員数は約3000名である。社員の7割は営業職であり、全国に数十拠点ある営業所で勤務している。A社は新卒採用に力を入れており、毎年300人以上を採用している。採用チームの努力により、なんとか毎年目標人数を採用し続けている状態だ。

あなたは入社後に、新卒採用チームの責任者のFさんから「AIを用いて、採用をよりよくできないか」という相談を受けた。Fさんに具体的なイメージを尋ねてみると、候補者のデータから「入社後活躍予測」を行い、そのスコアに基づいて「見極め」のための参考情報にする、というイメージを漠然と持っているようだった。さて、あなたはこの後、Fさんとどのようなコミュニケーションを取ったら良いだろうか。

5-1-1 プロジェクトの設計

Fさんのイメージしている「AI」をそのまま構築することは技術的には可能である。一方で、「採用をよりよくするためにAIの活用が必須か」と考えてみると、そうではないかもしれない。ここでは、Fさんが漠然とAIに期待を持っている点に注意したい。データ活用によって何ができるのかが具体的にイメージできていないため、分析結果とその活用方法まで、ピープルアナリティクス担当者から提案する必要がありそうである。こうした場面は実務上、よく起こり得る。一足飛びに「予測的分析」を行うのではなく、まずは実態の「理解」のための分析結果を見て、段階的に予測的な活用を検討できると良い。

では、Fさんとプロジェクトの方針について、どのようなコミュニケーションを取ると良いだろうか。今回のように相手の期待が大きく膨らみ

過ぎている場合は、具体的な課題を引き出すことが重要だろう。例えば、これまでの採用状況に関するデータを一緒に眺めながら、どのような点に具体的な課題がありそうかを一緒に特定してみると、Fさんの中でも「何が課題だったのか」がより明確になってくるかもしれない。このケースでは、Fさんと同じチームで働く別のメンバーにも入ってもらって、一度上記のような場を準備し、現場で感じている課題感を共有してもらうことにした。

　そうした場での議論を経て、結果として、図表5-1-1のようなプロジェクトの方針になった。

図表5-1-1 ◆ プロジェクト方針

- 「見極め」の参考情報を得たい理由は、入社後に休職や離職になったり、職場で苦戦する社員が多く発生しており、「採用基準」について丁寧に見直しをする必要があると感じていたから。特に営業職でその傾向が強い。

- 採用目標を達成するために「母集団」[3]を大きくできるよう力を入れてきたが、経営状況を見ても、採用必要人数は今後増加の一途をたどりそうである。そうした中で、今一度、採用基準を丁寧に定義しておかないと、自社にフィットしない人を多く採用してしまうリスクがある。

- 採用基準という点で、自社にフィットする人材には、性格的な特徴があるかもしれない。割り切って物事を考えられるような、ドライさがある人が早期に職場で活躍している印象がある。

- 面接官の中に、面接の段階で、入社後に活躍している人材を高く評価している人もいる。その人の合否判定がとても信頼できる。何か独自の判断軸をもっているのかもしれない。

- 自社に入社して活躍できる人材の特徴が何かについて、データから明らかにできると、採用基準のブラッシュアップに活用できる。

---

[3]　採用で言われる「母集団」という用語は統計用語の「母集団」とは意味が違うので注意されたい。著者は候補者プール等の表現に言い改めること推奨してみたこともあったが、定着している言葉を変えるのはなかなか難しい。

5-1-2 [Phase1] 既存のデータ分析

　まずは、既存データを元に分析を行っていく。ここでは、二つのことを確認する。一つは、「候補者の性格や志向は入社後の活躍に関連があるのか」、もう一つは「面接官の面接評価と入社後の活躍について、面接官ごとに違いはあるのか」である。

　まず分析に使えるデータを確認したところ、全候補者が受検している適性検査のデータが3年分そろっていることが確認できたので、これを説明変数として、候補者の性格や志向の特徴を明らかにすることにした[4]。続いて、目的変数である「入社後活躍」には入社後の人事評価データを用いることにした。

　データを受領後、それぞれのデータの特徴を把握するために、要約統計量と分布を確認したところ、ひとつ気になることがあった。過去5年分の入社者の1年目の人事評価の分布から、評価のばらつきが小さいことが気になった。このデータからは、特に高い／低い評価を受けた社員の特徴を分析する上では有用そうだが、外れ値的な活躍よりも安定的にパフォーマンスを発揮する見込みのあるボリュームゾーンの理解に活かしたいので、結果変数としては使いにくい。

　そこで、個人別の営業成績データを分析しようと、営業推進部門のBさんに相談した[5]。すると、入社後以降の営業成績データがあり、それを責任者の許可のもとで、共有してくれた。分析では、そのうち、入社後3ヶ月後〜1年以内の営業成績データを用いることとした。

第 **5** 章 ピープルアナリティクスの実践例

---

[4]　採用活動中に得られたデータの利用目的や責任者、種類等については、あらかじめ候補者に開示し、特に利用目的については同意を得ておく必要がある。今回のケースでは、採用活動の一環として、候補者の適性検査の結果を分析用に保管することについて事前に同意を得ており、また入社後に他のデータと紐づけて分析することについても同意が得られていた前提で話を進める。実務でこのような説明や同意取得を行う際には、付録の「人事データ利活用原則」も参照されたい。

[5]　ちなみに、著者がこのような状況にあった場合は、Bさんへのお礼もかねて、研修評価データと入社後のパフォーマンスや人事評価との相関を分析した結果を共有する。無論、個人情報やローデータの提供について慎重になるべきだが、分析された結果は関係者と合意の上で、必要だと思われる人に積極的に展開されたい。

さて、一通り分析に必要なデータが揃ったので A さんは、図表 5-1-2 の通り、分析の要件定義書を作成し、関係者と合意した。

　まず、入社者の性格傾向と入社後の活躍を想定して営業成績の分析を行った（図表 5-1-3）。適性検査のタイプによって、営業成績スコアの平均値に違いが見られるかを検討したところ、「自己実現追求タイプ」の社員が他のタイプよりも成績が高く、「合理的思考タイプ」の社員は他のタイプと比較して成績が低い傾向が見られた。効果量 d 値に着目すると、「自己実現タイプ」と他のタイプとの差の効果量が大きいことが分かった。この結果から、特に、自己実現追求タイプが活躍しやすいということが言えそうである。

　次に、面接官ごとに採用された人材の入社後の活躍について違いがあるのかを分析した。こちらはまず各面接官が採用した人材について営業成績平均を算出し、箱ひげ図等を用いてその分布を確認した。さらに、分散分析を用いて面接官ごとに採用した人材の営業成績に差があるのかどうかを調べ、違いを確認した。すると、特定の面接官で、採用された人材の営業成績平均が高いということが明らかになった。本来、全ての面接官が同じような判断基準で採用活動を行っていた場合、特定の面接官に数値が偏ることはないはずなので、もしかしたらその面接官特有の何かがあるのかもしれない、という仮説を立てた。

　これらの結果を採用チームに報告したところ、以下のような反応が得られた。

　採用チームの反応を受けて、以下のようにプロジェクトを再設計した。Phase2 では、活躍する人材を採用しやすい面接官にインタビューを実施してその判断基準に関する仮説を得る、Phase3 ではその仮説をサーベイに繋げていくために、既存の研究結果を参照する、Phase4 は前段の取り組みを受けて、自社にフィットした設問項目でサーベイを取得し、分析を行うという作戦である。

図表 5-1-2 ◆ 既存のデータ分析の要件定義書

No.	項目	記入事項
	プロジェクト名	新卒採用における採用基準見直しのためのデータ分析プロジェクト
事業課題要件		
1	依頼組織、依頼者	新卒採用チーム（責任者Fさん）
2	目標とする成果/達成条件	より自社にフィットする人材を採用するための採用基準の変更
3	背景、課題	経営は採用目標人数を増やす意向あり。今後目標数の採用が難しくなる危機感
4	施策：課題に対して誰が何をするか	採用チームにて、分析結果をもとに、採用基準の変更（ブラッシュアップ）を行う
5	期限：いつまでに解決したいか	次期新卒採用開始時期までに上記が実施できると良い
分析要件		
	分析目的	//
6	・誰に	新卒採用チーム（責任者Fさん）
7	・どんな情報を	タイプ別の入社後活躍の違いに関する分析結果
8	・どれくらいの頻度で提供するか	分析結果を報告書にまとめて報告予定（1〜2回）
9	・どのような行動を引きおこそうとするか	採用チームにて、分析結果をもとに、採用基準の変更（ブラッシュアップ）を行う
	アウトプットイメージ	//
10	・作成・共有ツール	報告書による分析結果の共有
11	・表現方法	箱ひげ図を用いて、性格検査のタイプごとにデータの分布と平均値を可視化
12	・分析手法	営業成績平均値の比較（対応のない一元配置分散分析）①性格タイプごと、②面接官ごと
13	アウトプットの詳細情報（分析区分等）	①性格検査のタイプ別と②面接官を分析区分に使用
14	アウトプット作成プロセス（手順）	データの分布を確認→分析使用データ確定→分散分析→分析結果まとめ→報告
データ要件		
15	データの粒度	個人単位の性格検査データ/面接時の評価データ/営業成績データ
16	必要なカラム	適性検査（タイプ）/面接データ（合否判定）/営業成績データ（営業成績）
17	データ抽出条件	適性検査・面接データ（採用チームから受領）/成績データ（営業部Bさんより受領）
18	検算方法	カラムの分布を確認し、ばらつき等をチェックの上、分析に使えるかどうか判断
スケジュール・予算/費用対効果・プロジェクト体制		
19	マイルストーン、スケジュール概要	10月に分析開始、11月に分析結果報告予定、12月までに施策決定
20	予算/費用対効果	社内工数にて分析からレポーティングまでを実施
	プロジェクト体制	//
21	・プロジェクトマネジメント担当者	人事部付けデータアナリスト佐藤
22	・分析担当者	人事部付けデータアナリスト佐藤
23	・データエンジニアリング担当者	-
24	・データ、分析基盤担当者	-
その他特記事項		
25		

図表 5-1-3 ◆ 平均値の差の検定と d 値の分析結果

多重比較	Holm 法						主効果 p 値	.000 **	
水準の組	差	標準誤差	95% 下限	95% 上限	t 値	df	p 値	調整 p 値	
自己実現追及 - 他のタイプ A	9.666	1.519	6.681	12.650	6.362	566	.000	.000	**
自己実現追及 - 合理的志向	18.133	1.356	15.470	20.796	13.373	566	.000	.000	**
自己実現追及 - 他のタイプ B	10.582	1.581	7.476	13.688	6.692	566	.000	.000	**
他のタイプ A - 合理的志向	8.468	1.395	5.728	11.207	6.072	566	.000	.000	**
他のタイプ A - 他のタイプ B	0.916	1.615	−2.255	4.088	0.568	566	.571	ns	
合理的志向 - 他のタイプ B	−7.551	1.462	−10.422	−4.680	−5.166	566	.000	.000	**

効果量 d

	効果量	95% 下限	95% 上限
自己実現追及 - 他のタイプ A	.788	.536	1.040
自己実現追及 - 合理的志向	1.478	1.204	1.752
自己実現追及 - 他のタイプ B	.862	.608	1.116
他のタイプ A - 合理的志向	.690	.440	.940
他のタイプ A - 他のタイプ B	.075	−.168	.317
合理的志向 - 他のタイプ B	−.615	−.864	−.367

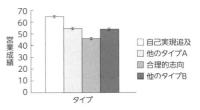

※ HAD の分析結果画面の一部を抜粋、データはダミー

図表 5-1-4 ◆ 採用チームの反応

- 「自己実現追及タイプ」が入社後活躍に関連があるのは、納得感はある。採用基準に落とし込むにはもう少し具体化が必要かもしれない。

- 改めてデータから面接官の面接時評価と入社後活躍の関係を確認すると、「やっぱり、そうか」と思う。独自の感覚＝判断基準を持っている面接官の意見は参考になるかもしれない。

- 実際に活躍している人材をマネジメントしている管理職も、日々部下と接する中でどのような人材が自社や組織にフィットしやすいかという「感覚」を持っていそう。それが面接官の判断基準と一致しているか否かが気になる。

- 面接官や管理職が持っている感覚は、現在使っている適性検査に表現されていない可能性もある。例えば、その感覚を自分たちで項目化することができれば、採用基準に活かせそう。またその項目が本当に有効かどうかは、職場に極力してもらって、自前のサーベイに答えてもらって分析することで、確証が持てる。

図表 5-1-5 ◆ 以降のプロジェクトの流れ

	Phase1	Phase2 半構造化インタビュー	Phase3 デスクリサーチ	Phase4 サーベイ
収集要件		・対象：入社後活躍を表すスコアが高い人材を採用している面接官45名 活躍社員を部下にもつ管理職4〜5名 ・内容：組織の中で活躍する社員の性格・志向性の特徴	・Phase1で得られた、組織の中で活躍している社員の特徴について、その特徴を測定するための尺度（設問）を先行研究からみつける	・対象：入社3年目以内社員 ・内容：デスクリサーチを元に構成された社員の性格や志向性に関する設問 ・予備調査等で仕様を確認
分析要件	平均値の差の検定、分散分析 ・評価データのばらつき確認 ・適性検査のタイプ別に、研修の最終成果スコア平均に差があるかどうかを確認 ・面接官ごとの採用人材の成果スコア平均	抜粋・抽出 ・質問項目ごとに得られたコメントを抜粋し、報告書にまとめて関係者に報告する ・後続のデスクリサーチに必要な観点の抽出	結果のまとめ方のイメージ ・関連する先行研究の一覧とそれに対応する尺度（設問）をまとめる ・サーベイで聴取する設問項目案を作成しておく	重回帰分析 ・研修時の成績=目的変数に、今回サーベイ聴取した性格に関する変数=説明変数 ・分析結果を採用基準や採用時のアセスメントに反映

Phase1の結果を受けて、新しく企画した部分

5-1-3 [Phase2] インタビュー

　まずは、活躍する人材を採用しやすい面接官と活躍する人材をマネジメントしている管理職向けに半構造化インタビュー実施した。インタビュー内容は、図表5-1-5に記載した。面接官のみ、面接の時にどのような判断軸を持っているかを最後に聴取する構成とした。細かいが、面接官に先に面接の話を聴いてしまうと、その話の内容に引っ張られて、以降の質問の回答内容に影響が及ぶことを配慮した。

　インタビューの結果、図表5-1-7の示唆が抽出された。質問に対する回答結果を眺めながら、分析者によって示唆を要約する形で取りまとめた。

5-1-4 [Phase3] デスクリサーチ

　インタビューで得られた特徴を具体的な採用基準に落とし込むために、うまく上記を表現した概念や既存尺度がないかを調べるデスクリサーチを行った。例えば、ストレス耐性のうち「切り替え」に関する尺度としては、「わりきり志向尺度」（浅野 2010）や、「適応的諦観尺度」（菅

図表 5-1-6 ◆ 半構造化インタビューの内容

Q. 直近 3 年程度の期間を想定したときに、新卒から活躍していた人材を頭に
思い浮かべてください。その方々は以下の点でどのような特徴を持っていた
と思いますか。

・性格面
・志向性
・その他

Q. 前問で答えてもらった特徴の中で、入社時点から変わらなかったと思われる点
はどのような点ですか。

Q. 逆に、新卒の時から苦戦していたなあ、と思われる方々は以下の点でどのよう
な特徴を持っていたと思いますか。（前の設問と内容が重複しても良いので、具
体的に回答いただく）

・性格面
・志向性
・その他

Q.（面接官のみ）ご自身が新卒の採用面接に関わる中で、上記の特徴は意識して確
認されていますか（確認している場合は、どのように確認しているかを質問す
る）。

Q.（面接官のみ）他に確認しているポイントや判断軸があれば教えてください。

図表 5-1-7 ◆ 半構造化インタビューの主要な結果

• 活躍する社員の特徴として、「ストレス耐性」が不可欠という趣旨の発言が
得られた。仕事の場面を想定して、より具体的な発言を求めたところ、以下
の要素が抽出された。

• 気にしないこと
• コーピング（ストレスへの対処をするための方略）の多様さ
• 切り替え力

• 全員から「考えずに行動量を増やせることが必要」という趣旨の発言が得ら
れた。新規開拓ではテレフォンアポイントメントが主たる手法になるが、考
えすぎて手が止まってしまう若手が多いという発言が共通して得られた。

• 一部の方からは、「社内表彰への強い関心のような競争心の必要性」に関す
る発言が得られた。

• 一部の方からは、「自分の限界を勝手に決めないこと」という発言が得られ
た。

• 一部の方からは、「お客さんに対して興味を持つこと」といった好奇心の高
さの重要性が挙げられた。

沼ほか 2018）が見つかった。「わりきり志向尺度」の開発論文を読んでみると、「わりきりの有効性認知」と「対処の限界性認知」の2因子で構成されており、前者は精神健康の良好さや気分転換の上手さと、後者は精神的不健康との関連が示されており、今回のサーベイの目的に合致していると判断した。「好奇心」については、Kashdan et al.（2018）がこれまでの好奇心に関する心理学研究に基づき5種類の好奇心（探求の喜び、欠乏の感受性、新規な物事に関するストレス耐性、社会的好奇心、スリル探求）を提案しており、それらを測定する尺度が開発されていることが分かった（日本語版は、西川 2018 を参照）。インタビューで言及されたクライアントに対する興味は、このうちの社会的好奇心に基づくものだと考えられるが、他の好奇心との影響パターンの違いを明らかにするために、5種類すべてをサーベイに追加することにした。

5-1-5 [Phase4] サーベイ

先述の測定概念について、尺度項目すべてを盛り込むと回答所要時間が20分を超えてしまいそうだったので、既存尺度では、因子負荷量が高く各因子を代表する項目を3～4項目程度ずつ選択して、ボリュームを調整してサーベイを構成した。また、調査対象者に回答を求める前に、今回のプロジェクトに入っていない人事メンバーに予備調査への回答を求め、答えにくさや Web フォームの挙動を確認してもらった。

予備調査が完了したので既存社員にサーベイへの回答を求めた。調査対象は入社3年目以内の社員であり、調査目的を明確に伝えた上で、任意での回答を依頼した。なお、過去の営業研修や人事データと紐付けた分析を行うが、分析時には回答結果が上司や同僚に開示されることはなく、不利益を被ることはないという点も強調した。また、回収率を高めるために、人事の若手社員や研修担当から、対象社員層への回答依頼を別途行ってもらった。

最終的なサーベイの回収率は8割程度であった。念のため、回答者と未回答者で人事評価と研修時の成績に違いが見られるかを t 検定で分析したところ有意な差は認められなかった。そこで、研修時の成績を結果

変数に、性格変数を説明変数にした重回帰分析を実施した。その結果、インタビューで抽出された変数と合致して、「わりきりの有効性認知」と有意な正の関連が見られた。即ち、「わりきりの有効性認知」が高いほどに、研修時の成績が高いことが確認できた。

　一方で、社会的好奇心とは負の関連が見られ、インタビューで得られた示唆とむしろ逆の結果が確認できた。むしろ5次元の好奇心ではリスク探求との正の関連が見られた。この相違は、テレフォンアポイントメント営業などで「数」をこなす営業方略を採る上で、相手のことを深く理解しようとする社会的好奇心の高さは行動の阻害要因につながるからだと考察できる。むしろ、アポイントメントを断られる可能性が高い中で様々な方略を楽しめるようなリスク探求の好奇心の方が行動量を促進する上では有用なのかもしれない。分析結果を採用チームと、インタビューに協力いただいた方にも一部共有したところ、概ね合意が得られた。

5-1-6　今後のアクション

　まず、分析結果に基づいて、新卒採用における採用基準の明確化を行った。物事を割り切る力、あるいは切替力といった要素を基準に織り込み、母集団形成についても再度作戦を練り直すことになった。面接官にも、新しい基準については丁寧に説明を行い、面接における確認の観点を基準に基づいて一部標準化した。これにより、採用人数が増えてきても、自社にフィットした人材が採用できる可能性は維持できそうである。また、面接前に候補者に受けてもらうオリジナルのアセスメントを作成し、運用することになった。利用目的等をきちんと候補者に説明し、同意を得たうえで、面接時の参考情報として運用の中に組み込んだ。中でも、「好奇心」のような候補者が高く回答しやすいと思われる項目については、面接の中で具体的なエピソードを確認して評価するように設計した。

　このように、既存のデータ分析に始まり、インタビューからデスクリサーチ、サーベイの設計から分析まで、量的・質的アプローチを縦横無尽に組み合わせながら、「採用基準の見直し」という達成状態を導くこ

とができた。多くは、既存データの分析止まりになってしまうことも多い中で、もう一歩、真に迫る手段として質的アプローチであるインタビューやデスクリサーチが有効に機能した事例でもある。実務でも、こうした場面は多く想定されるため、ぜひ本例を参考に取り組まれたい。

5-2 　事例2 社員の離職防止

　ここからは「社員の離職防止」のためのピープルアナリティクスの事例である。B 社は社員 1000 人規模の複数のアプリサービスを運営する企業であり、あなたはこの会社の人事担当者である。ここ数年で離職者が増えてきている印象があり、試しに直近三年以内の退職者数を集計してみたところ、社員規模が増えていないも関わらず、離職者数の増加傾向が確認された。このまま放置できる問題ではないと考え、「社員の離職防止」をテーマに策を講じていくことになった。

　検証事項は「当社の社員がどのような理由から離職しているか」である。その検証をふまえ、人事担当として離職防止に繋がる施策を企画、実行していきたい。しかしながら、これまで、離職者が発生した場合には離職手続きの案内のみを行い、特に何もデータを集めていない。なので、何らかの離職理由を解明するようなデータの収集をまずは検討していく必要がある。さて、このような状況下で、あなたはどのようなデータ活用を考慮されるだろうか。

5-2-1 　プロジェクトの設計

　まず想定されるのが、離職予定者に離職理由を聴くというアイデアである。その方法は、サーベイで聴くやり方もあれば、面談（インタビュー）等で意見に耳を傾けるやり方も考えられる。ただし、サーベイやインタビューの企画書に手を出す前に、「どのような離職理由があり得るか」といった仮説を持つことが重要である。

　そこでまず初めに、質的なデータ収集のアプローチとして、「デスクリサーチ」を実施する。これは、文献や論文、各種報告書やマクロ統計等の情報を収集し、後続の議論やリサーチに繋げていくデータ収集の方法であり、平たくいうと世の中にある二次データを参照することである。例えば、インターネット上で「離職　理由　調査」と検索してみると、

民間企業や厚労省が人材の離職理由について調べた資料が幾つか発見できる。いわゆる、世の中における離職理由の調査項目を参考にしながら、自社の離職理由について幾つか「アテ」を用意できると良い。その「アテ」をさらにサーベイやインタビューで検証していくこととなる。

今回は、これまで全く離職理由について情報を得てこなかった点からも、サーベイとインタビューの両方で、理解していくアプローチしていく企画としてみよう。図表 5-2-1 は、今回のプロジェクトの大まかな流れを示したものである。本来は、より詳細な要件定義書を実態に即して記載できると良いが、本書では分かりやすさと紙幅の観点から、大枠のみを提示する。

本プロジェクトの特徴は、デスクリサーチ、サーベイ、デプスインタビューと量的・質的アプローチを組み合わせている点である。離職予定者向けに離職理由を聴取するサーベイだけではなく、その前後で質的アプローチを組み合わせて、より分厚い情報を収集しようとしている。なぜか。サーベイでは、離職理由を一定の選択肢として回答者に答えてもらうことができるが、その離職理由を選択した背景や要因について詳細な情報収集は難しい。もしサーベイで全ての詳細情報を集めようとするならば、離職理由として想定される背景や要因について無数の選択肢が

図表 5-2-1 ◆ プロジェクトの流れ

	Phase1 デスクリサーチ	Phase2 従業員サーベイ	Phase3 デプスインタビュー
収集要件	・厚労省「雇用動向調査」等社外の「離職理由」に関する調査の設問項目を参照する ・世の中にある「離職理由」を参考に、自社の仮説を持つ	・Phase1を参考にしながら、離職理由を聞くサーベイを 設計し、離職予定者に配信する ・後続のインタビューの同意もこのサーベイで取得する	・Phase2で同意が得られた離職予定者にインタビューを実施する ・サーベイの回答を元に、何が原因で離職を考え始めたのかを深掘する
	結果のまとめ方のイメージ	可視化分析	カテゴリー分析
分析要件	・社外調査で利用されている「離職理由」の項目を一覧でまとめる ・自社で多そうな離職理由に分析者がフラグを立てる	・離職予定者の離職理由の選択率を集計、可視化する ・新卒/中途、若手/ベテランごとに離職理由の回答率を集計する	・離職理由に繋がる要因についてインタビュー内容から幾つかのカテゴリを抽出 ・カテゴリ化された要因を予防/対処するアイデアを案として検討し、提案する

必要だが、それを考えるのも答えるのもかなり大変である。仮にサーベイ上で離職理由の背景についてコメントを書いてもらう場合でも、人によって書く量や内容にばらつきがあると分析に使いにくい。そこでサーベイはあくまでどのような理由が多いのかという「量」的な把握をするに留め、サーベイの結果をもとに個別（デプス）インタビューをお願いし、より詳細にその離職理由に至った背景や要因に迫るアプローチを採用する。以降では、デスクリサーチから順番にその実施イメージについて確認し、離職防止のためのアクションに繋げていこう。

5-2-2 [Phase1] デスクリサーチ

まず、各データ収集方法のつながりを図表5-2-2に整理する。ポイントは、データ収集の出発点がデスクリサーチになっている点である。今回は「採用」の事例と異なり、何も分析に使えるデータがない状態のため、自分たちで新たにデータを収集する必要がある。その足掛かりとして、デスクリサーチを活用し、情報の整理を行っている。

この例でのデスクリサーチは、世にある「離職理由」についてどのようなものがあるのかを整理するために実施する。ここでは、厚労省が実施している『雇用動向調査』を参考にした。行政や民間の調査会社が実

図表5-2-2 ◆ Phase ごとのつながり

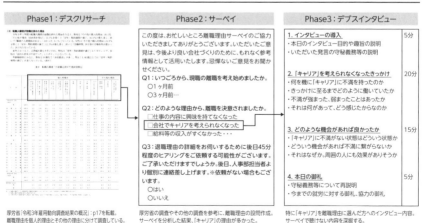

厚労省「令和3年雇用動向調査結果の概況」: p17を転載。
離職理由を個人的理由とその他の理由に分けて調査している。

厚労省の調査やその他の調査を参考に、離職理由の設問作成。
サーベイを分析した結果、「キャリア」の理由が多かった。

特に「キャリア」を離職理由に選んだ方へのインタビュー内容。
サーベイで聴けない内容を深掘りする。

施する調査は、その構造や項目について専門家を交えて考えられている
ケースも多いため、参考にできる部分が多い。また、場合によってはそ
うした社外で実施された調査と自社で実施する調査項目を揃えておくこ
とで、社外と社内の結果を比較することも可能である。今回のケースで
はそこまではせず、あくまで社外で公的機関が実施した調査の項目を参
考にし、自社のサーベイ設計の参考情報にする流れとする。

　デスクリサーチで得られた情報を元にサーベイを設計し、その分析結
果を踏まえた上で、インタビューを実施する流れである。図表 5-2-2 は
結果論だが、実際は各 Phase で得られた分析結果をもとに、後続のデー
タ収集、分析のテクニックは事前に企画していたものから変更されるこ
とも多くある。

5-2-3 ▶ [Phase2] サーベイ

　サーベイは、『雇用動向調査』を参考に離職理由の選択肢を設計した。
仕事の内容やキャリア、収入等が、離職の理由としてどれくらい挙がっ
てくるのかを確認し、その回答率が多い選択肢については、手を打つこ
とを検討する。

　サーベイの結果は、可視化分析を行う。その際、図表 5-2-3 のような
報告書イメージで関係者に分析結果を伝達できると良い[6]。報告書の構成
として、結果解釈の前提情報となる説明に始まり、報告の中で強調した
いポイントと、詳細の説明を切り分けて伝えるべき情報を整理している。
出てきた分析結果を余すことなく報告するのではなく、重要な発見と示
唆と補足的な結果を選り分けて伝えられるよう工夫した。集計結果は、
選択肢ごとの回答率を算出し、グラフとして表現することで、視覚的に
「量」の大小を伝えている。サマリーでは、集計結果の全体傾向とそこ
から明らかになったことを示す。詳細は、属性別に集計した結果を確認

---

[6]　報告書には、決まった体裁はない。特にデータや分析に関する補足が不要であれば、分析結果の
　　みを出力し、関係者に提示するでも全く問題はない。慣れてくれば、報告の度にグラフや文書を作成
　　するのではなく、分析環境におけるマークダウンやレポーティング機能等を活用しく、報告そのものの
　　自動化、もとい業務効率化も検討されたい。

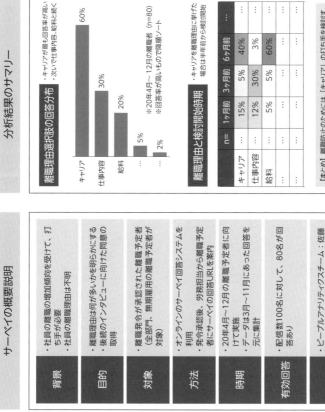

分析結果の詳細

属性ごとの離職理由

・どの属性でもキャリアが一番
・ベテランは次に給料が挙がる

新卒

キャリア	50%
仕事内容	20%
給料	10%
…	2%
…	1%

中途

キャリア	70%
仕事内容	10%
給料	5%
…	2%
…	1%

若手

キャリア	40%
仕事内容	30%
給料	20%
…	2%
…	1%

ベテラン

キャリア	30%
仕事内容	15%
給料	25%
…	5%
…	1%

※n＝…

【まとめ】どの属性でもキャリアが重要。そのため各属性に応じたキャリア施策の検討が重要。ベテランは給料の理由でも離職しており、抱えており、要注意。

詳細の結果や報告の優先度が低い結果をまとめたもの

分析結果のサマリー

離職理由選択肢の回答分布

・キャリアが最も回答率が高い
・次いで仕事内容、給料と続く

キャリア	60%
仕事内容	30%
給料	20%
…	5%
…	2%

※20年4月～12月の離職者 (n=80)
※回答率が高いもので降順ソート

離職理由と検討開始時期

・キャリアを離職理由に挙げた場合は半年前から検討開始

n=	1ヶ月前	3ヶ月前	6ヶ月前	…
キャリア	15%	5%	40%	…
仕事内容	12%	30%	3%	…
給料	5%	5%	60%	…
…	…	…	…	…
…	…	…	…	…

【まとめ】離職防止のためには「キャリア」の打ち手を検討する必要がある。キャリアに悩み始めて半年程度で離職に至る可能性がある。

分析結果で一番重要な部分や全体の結果をまとめたもの

サーベイの概要説明

背景
・社員の離職の増加傾向を受けて、打ち手が必要
・社員の離職理由は不明

目的
・離職理由は何が多いかを明らかにする
・後続のインタビューに向けた同意の取得

対象
・離職発令が承認された離職予定者（全部門、無期雇用の離職予定者が対象）

方法
・オンラインのサーベイ回答システムを利用
・発令承認後、労務担当から離職予定者にサーベイの回答URLを案内

時期
・20年4月～12月の離職予定者に向けて実施
・データは3月～11月にあった回答を元に集計

有効回答
・配信数100名に対して、80名が回答あり

実施者
・ピープルアナリティクスチーム：佐藤
・労務部門担当：鈴木
・プロジェクト責任者：高橋

要件定義書の記載内容を要約してまとめたもの

図表 5-2-4 ◆ インタビューの要件定義書

No.	項目	記入事項
	プロジェクト名	社員の離職防止施策の企画プロジェクト
事業課題要件		
1	依頼組織、依頼者	人事部門の労務担当部署
2	目標とする成果／達成条件	当社の離職理由を明らかにし、その要因について打ち手の検討と開始
3	背景、課題	離職者が継時で増加中。その理由も明らかになっておらず、人材流出の危機
4	施策：課題に対して誰が何をするか	人事部門から施策を展開、必要に応じて事業部の組織にも協力を仰ぐ
5	期限：いつまでに解決したいか	1年以内に打ち手を決め、実行を開始できている状態を目指す
収集要件		
	収集目的	//
6	・なぜ集めるのか	離職理由に繋がるきっかけや要因はサーベイだと聴取しづらいため
7	・集めた結果どうするか	きっかけや要因をもとに、当該離職理由を生まないための施策を検討する
	収集対象	//
8	対象	離職予定者（2020年4月〜12月）の内、サーベイでインタビュー承諾ありの方
9	・収集するデータの数	40名程度想定
10	・収集するデータの構成	同上（離職者における属性の偏りは過去の傾向をみてもなさそう）
11	方法	デプスインタビュー（1on1インタビュー）
12	項目	離職理由のきっかけ、どのように強まったか、どのような機会が必要だったか
13	利用目的の明示、同意	サーベイ回答時に趣旨説明、同意済み。インタビュー冒頭でデータ取扱を補足
14	収集場の留意点	インタビューは最大45分程度。労務担当部門がヒアリングする
	参考資料	//
15	・先行研究、外部調査	デスクリサーチでは、厚労省『雇用動向調査結果の概況』を参考とした
16	・参考にする過去社内資料	過去の離職者データ属性別の集計結果（労務担当部署にて作成）
管理方法		
17	データの管理場所	インタビューログは、労務担当部署の離職対応担当内でドキュメント管理
18	データのアクセス権	労務担当部署の離職対応担当、ピープルアナリティクスチーム
スケジュール・予算／費用対効果・プロジェクト体制		
19	マイルストーン、スケジュール概要	2021年3月：関係者会議、2021年4月；人事部門長上程、承認を得たい
20	予算／費用対効果	主に下記担当者の工数内で対応（本件外にも業務があるため、繁忙期は相談）
	プロジェクト体制	//
21	・プロジェクトマネジメント担当者	ピープルアナリティクスチーム佐藤
22	・データ収集担当者	労務担当部署離職対応担当鈴木さん、ピープルアナリティクスチーム佐藤
23	・データ管理担当者	労務担当部署離職対応担当鈴木さん、吉田さん
24	・データ管理責任者	労務担当部長高橋さん
その他特記事項		
25	離職対応担当鈴木さんは、8月に担当業務が変わるため、以降は田中さんに引継ぎ予定	

している。ここでは、「キャリア」に関する離職理由が多かったことが明らかになっているため、デプスインタビューで深掘りを行っていくことになる。

5-2-4 ▶ [Phase3] デプスインタビュー

前段のサーベイで「キャリア」を理由に退職される方が多いことが明らかになった。そこで図表 5-2-2 の通り、インタビューを通じて、「何がきっかけでキャリアに不満を持ったのか」や「どのようなキャリア機会が必要だったのか」等の観点について深堀を行った。特にインタビューについては、図表 5-2-4 のような要件定義を丁寧に行い、関係者と実施方法や内容について合意をした上で実施した。

インタビューは、シンプルにご自身のアンケート回答結果を思い出していただきながら（資料にまとめてインタビューの場で回答結果を提示しても良い）、その離職理由のきっかけを初めて感じたのはいつか、そ

図表 5-2-5 ◆ カテゴリー分析のイメージ

分析に用いるカテゴリー		カテゴリー分類に用いるワークシートイメージ		
カテゴリ	定義	発話内容	Aさん カテゴリー	Bさん カテゴリー
自分の担当する仕事への「飽き」	目の前の仕事を卒なくこなせるようになってきたが、それ以上の自分の成長に繋がる仕事に従事できなくなり、停滞感を感じる	キャリアに明確に不満を抱いたのは、入社3年目の春あたりに、ある程度今の仕事が一人で回せるようになって。でも、新しい仕事を任せてもらえるとかもなくて、このままだとまずいと思ったんですよね。	飽き	飽き
周囲の昇格等による「焦り」	同じような仕事をしている周囲の人がどんどん昇格する中で、自分はなかなか昇格できず、その理由も分からないから焦る 結果、この会社ではキャリアはないと悟る	今の仕事、嫌いじゃないんですけど。毎日ひたすら同じ作業で、自分あと数年同じこと続けていたら腐っちゃうかもって危機感が湧いてきた。それが、半年前。それで別の自分が成長できそうな新しい仕事探し始めた。	話し合い 飽き 焦り ⬌	焦り
上司の言動による「諦観」	上司にキャリアの意向を伝えてもいがしろにされ、無関心。目の前の仕事のことについてしか話してくれないことで、この職場にいても何も変わらないと感じる	今の上司に、企画の仕事にチャレンジしたいって伝えたんですけど、後1年は下積みが必要みたいなこと言われて。下積みってなんだよって感じで。納得できなかったのが、この会社でキャリア形成に不満を抱きました。	諦観	諦観
…	…	…	…	…

※荒木（2020: 125-126）を参考に筆者にて作成。カテゴリーや定義下の記載内容は筆者にて追加

のきっかけを機になぜ、どのように離職の気持ちを強めていったのか、それらはどのような要因や状況であれば生じ得なかったのか答えてもらう形とした。ある程度「聴く」べき観点を決めておき、話の流れでインタビュアーが必要だと判断した場合には、その話を掘り下げていく半構造化インタビューである。数ヶ月の間、合計40名程度にしっかりと話を聴く時間を設け、質的データを収集することとした。

インタビューの結果については、インタビューログ（逐語録）をそのまま報告すると情報量が多いため、分析者がその質的データを要約して報告できると良い。その際、インタビューにおける発話内容について構造的な理解ができるよう、「カテゴリー分析」を行うことにした。「カテゴリー分析」とは、『労働・職場調査ガイドブック』によると「インタビューや発話データ内容を分類し、カテゴリーを取り出す手法である」。これは「質的データからカテゴリーを取り出し、データを分類、縮約するのに適した方法である」（荒木 2020: 122）。この分析を行うことで、インタビューログという質的なデータを、カテゴリーの大小という観点で「量」的に解釈できるようになる。

図表 5-2-5 左表のように、発話内容を読んだ分析担当者が、データから読み取れるカテゴリーとその定義を定める。そして、ひとまずはそのカテゴリーと定義に沿って、他の担当者が発話内容にカテゴリーを付与していくことになる。解釈に不一致がある場合やカテゴリーに不足がありそうな場合は、担当者間ですり合わせをしながら、カテゴリーの修正行っていくことで、発話内容の分類精度を高めていく。

そうすると、今の組織の中での仕事内容に「飽き」がきていたこと、もしくは自部署で培った経験をもとに、他の組織でもチャレンジしたいといった意欲があったこと、しかしながら組織による囲い込みが頻発していることが明らかになった。さらに、社員の自発的な異動希望を後押しする社内公募制度があるものの、その制度自体も知られておらず、結果として機会損失が起こっていることも明らかになってきた。

今後のアクション

　さて、上記のような分析をもとに、関係者を巻き込みながら、課題に対する打ち手を検討していくこととなる。例えば、分析の結果から明らかになった仕事への「飽き」については、その事実を職場に伝え、現在の仕事の意味付けはもとより、当人の成長に繋がる業務、プロジェクトを任せるといった動きを促していくことも有効であろう。職場の囲い込みや、社員のキャリア形成そのものに対する考え方の啓蒙、社内公募制度の周知と、自発的な異動に伴う全体的な組織人員の調整等の策が検討の俎上に上がる。特にこの会社では、複数のアプリサービスを運営している点からも、サービスを跨いだ人材の流動性を高めることも戦略的に検討することにした。

　ここまで、データ収集アプローチの繋がりとその分析方法を見てきたが、幾つか注意が必要なポイントもある。離職者からすると、離職前の慌ただしい中で、業務負担が増加することになるため、業務の状況に配慮しながらサーベイやインタビューを実施されたい。当然、「自分は答えたくない」と思っている離職者にも配慮が必要である。できる限り網羅的かつ偏りのないデータを収集したい反面、そのデータ収集によってより会社にネガティブな印象を持たれるリスクも充分検討する必要がある。一方で、こうしたサーベイやインタビューがあること自体に意味があることもある。社員が、何らかの強い不満があって会社を離職する場合に、何もその声を聴かないままだと、その人の当社への印象はその後も悪いままかもしれないが、その不満を受け止める姿勢を見せ、丁寧に話を聴くことで、幾らかその溜飲が下がることもあるかもしれない。あくまで可能性の世界でしかないものの、こうした取り組みには、留意点と効果性があることも意識されたい。

　また、打ち手を考えて終わりではなく、その後の離職状況に改善がみられるかについても、離職者数を引き続きモニタリングすることを通じて確認できると良い。そして、サーベイやインタビューも、状況が許せば継続することも検討されたい。中でもサーベイ配信、収集、可視化の

自動化の検討は有効である。離職発令が挙がってきたタイミングで、対象者の方にサーベイを配信し、データを集め、そのデータをBIツール[7]等と連動することで、タイムリーに結果が可視化される仕組みも、技術的には可能である。もちろん、自動化されるからといって、サーベイの案内等に手を抜くわけではなく、丁寧に取り組みの趣旨を回答者の方に伝えることは継続する。また、離職者数やその離職理由の情報は人事のみならず、経営層や職場に情報展開していくことも、有効であろう。経営レベルでの打ち手と、職場レベルの打ち手を多面的に誘発し、この離職問題に全社的に取り組む気概を醸成していくことが可能である。サーベイ・インタビューのデータをもとに、会社にとって重要なイシューと向き合う起点となり得る可能性が示唆される。

第**5**章　ピープルアナリティクスの実践例

---

[7]　『教科書』によると、BIツールとは「Business Intelligenceツールの略称で、企業に蓄積された多種多様なデータを加工、分析、可視化して、経営上の意思決定の精度向上や業務の効率化を実現するためのツールである」（ピープルアナリティクス＆HRテクノロジー協会 2020: 59）。データの蓄積から加工、可視化までを一気通貫かつ自動で行うこともできるため、データをリアルタイムかつ正確に確認できる点もこのツールの大きなメリットである。

5-3 　事例3 　研修の効果測定

　このケースでは、「研修の効果測定」におけるピープルアナリティクスの実践例について紹介する。C社は社員数百人規模のコンサルティング関連サービス企業であり、あなたはこの会社で社員の「プロジェクトマネジメント研修」の実施担当者である。まさに顧客にコンサルティングサービスを提供することを生業としている会社で、近年複雑なテーマのプロジェクトを受注するケースも増えてきており、コンサルタント人材のプロジェクトマネジメントスキルの底上げを狙った研修である。研修の受講者は 200 人程度。研修は座学と、実践演習を通じて、そのイロハを学んでいく構成である。

　今回、「研修の受講者は、研修での学びを通じて実務で活かせるプロジェクトマネジメントスキルを身につけたかどうか」について明らかにしていきたい。さらに「身につけられていないのであれば、研修内容のどこに課題があるのか」についても明らかになると、次の実践に繋げていくことができそうである。あなたが、この研修の担当者であった場合に、どのようなデータを集め、分析を行うことで、上記の問いに答えていくだろうか。

5-3-1 　プロジェクトの設計

　よく効果測定の手段として用いられるのは、研修の受講後サーベイである。研修受講後に、参加者に「研修内容について理解できたかどうか」「実践のイメージはあるか」といった形でサーベイを実施し、適当な尺度を用いて、肯定回答や否定回答の割合を算出する。その高低によって、今回の研修の参加者の反応をもとに、研修の効果性を確認するやり方である。

　もちろん、量的データをもって研修の効果を測定することも大事だが、そこに質的データを絡めることで、より実態に迫ることもできるだろう。

『研修評価の教科書』でも、同様の観点が強調されている。人は数字や論理だけでは動かないことを前提として、「数字や論理で綾取られていなくても、迫真性・真実味・納得感に」繋がる内容をもって、意思決定や行動の後押しになる場面があると述べられている。この迫真性・真実味・納得感を醸成する情報源として、「研修受講者の具体的な言葉」や「生のエピソード」を例示している（中原ほか 2022: 34）。この数字や論理が本書でいう量的データであり、迫真性・真実味・納得感を醸成する情報源が質的データである。

　では、そうした量的データと質的データはどのような観点で収集できるのだろうか。研修の効果測定でよく参照される考え方として、『研修評価の教科書』でも紹介されているが、「5レベルROIモデル」がある（Philips 1997=1999; 中原ほか 2022）。図表5-3-1は、その考え方をレベル別に提示したものである。

　レベル1の「反応」は、研修そのものに対する受講者の反応を表す。上記で述べた受講後サーベイはその最たる例である。「学習」は、単純

図表 5-3-1 ◆ 5 レベル ROI モデル

レベル	名称	実務における測定の観点
1	反応	研修の参加者の研修内容に対する反応を測定する
2	学習	研修の参加者が研修内容を学習した結果として、スキルや知識、態度の変容を測定する
3	職務適用	研修の参加者の業務の中の行動変化や具体的な業務場面での学習内容の応用を測定する
4	事業成果	研修が実施されたことによる、ビジネス上の成果を測定する
5	投資対効果	研修の成果とコストをもとに、金銭的価値の観点から投資対効果を測定する

※ Philips（1997=1999）及び中原ほか（2022）を参考に、筆者にて作成

にサーベイで理解度を聴取するのみならず、知識や学びの定着をテストやクイズ等で確認をするようなイメージである。さらにそうした知識や学びを踏まえ、受講者の行動変容が起き、「職務適用」ができたかどうかを確認する。そしてより高次のレベルでは「事業成果」や「投資対効果」を測定する考え方もある。研修という教育投資がビジネスとしてどの程度効果があったのかを金銭的な基準を含めて、測定・算出する。こうしたレベルまで効果検証できると素晴らしいが、研修を受講したことの業績への因果効果を検証するには、様々な他の要因も踏まえた解釈が必要であるため、難易度は高くなる。

　このように幾つかレベルがあることを踏まえ、「研修での学びを通じて実務で活かせるプロジェクトマネジメントスキルを身につけたかどうか」及び「身につけられていないのであれば、どこに課題があるのか」といった点について、明らかにしていくアプローチを検討してみよう。

　重要なポイントとして、今回の研修の実施が期待する「効果」について具体的に定めておけると良い。例えば、知識の定着を目的とするのであれば図表5-3-1でいうレベル2までの効果測定で良いが、実際の行動変容や業績といったところまでを期待するようであれば、それに準ずる効果測定の手段を検討することとなる。今回のケースでは、参加者の行動変容を目的として実施された研修であるため、レベル3までの測定を目指して、量的・質的なデータを集めていくこととなる。今回の効果検証の流れは、図表5-3-2のイメージである。

5-3-2 ▶ [Phase1] 観察調査

　まず、レベル1の「反応」を測定する段階では、研修直後の反応だけでなく、研修受講中の参加者の様子について観察を行う段階から、情報収集が可能である。そのため、質的アプローチである「観察調査」を実施しながら、研修内容が受講者に届いていそうかどうかを確認する。今回は研修参加者の邪魔をしないよう「非参与観察」とした。観察調査は、図表5-3-3のように、事実や解釈について忙しなくメモを取りながら、実施することになる。可能であれば、複数の観察者が同じ研修の場を観

Phase1	Phase2	Phase3	Phase4
観察調査	サーベイ(研修終了直後)	サーベイ(研修受講三ヶ月後)	デプスインタビュー

収集要件

・研修の参加者の様子を観察 ・研修会場の様子、研修のアジェンダごとの参加者の表情や行動についてフィールドノーツ(メモ)を取っておく	・研修終了後に研修内容が業務に役立ちそうかどうか=「反応・学習」を確認	・研修三ヶ月後に研修の内容が業務で役立っているかどうか=「職務適用」を確認	研修三ヶ月後のサーベイで、業務に役立っていないと答えた方を対象に、その理由を聴く ・サーベイで同意された方のみ

結果のまとめ方のイメージ	ポートフォリオ分析	結果のまとめ方のイメージ	結果のまとめ方のイメージ

分析要件

・観察調査のメモを要約した報告資料を作成 ・その資料を関係者に共有し、参加者の研修の「反応」「学習」について仮説を構築	・研修の総合評価指標と関連が高く、肯定回答率が低い内容は、要改善部分として抽出 ・Phase1の観察調査の結果も参考にしながら「反応・学習」の効果性を関係者と解釈	・業務で役立っているかどうかの選択肢回答率を集計 ・研修直後のサーベイの回答結果と突合し、「反応・学習」と「職務適用」の関連性から、受講者の状況を把握	インタビューの発言録をもとに、研修の「職務適用」上の課題を具体化し、報告書にまとめて関係者に報告、研修改善アクション等を検討、合意

「反応・学習」の効果測定　　　　　「職務適用」の効果測定

察することで、より多面的にその場に関する理解が深められる[8]。当日の研修運営をしながらだと、十分なメモが取れない可能性もあるため、誰がメモを取るのかは事前に役割分担できると良い。観察した結果は、関係者間でサーベイ設計前に読み合わせを行い、「反応」について仮説を持っておく。

5-3-3 [Phase2] サーベイ（研修終了直後）

まずは、観察者として研修の様子を言語化した上で、受講者の「反応」をより具体的に測定していく。その際、研修直後に図表5-3-4のようなサーベイが実施できると良い。サーベイは、研修の翌日以降に配信され

---

[8]　観察調査のメモに何を書けば良いのかは、『はじめて「質的研究」を「書く」あなたへ』の中でも整理がされており、まずもって「第一印象」の記録が重要である（Emerson et al. 1995=1998; 太田 2019）。例えば、物理的環境の様子、人々の見た目や感じ、振る舞いや感情のトーン等、五感を通して受けた「第一印象」をとにかく記述しておく。その他、人々が行っていることや相互にやり取りしていること、人々の会話や言葉はもとより、自分自身のその環境における役割について記述することもある（太田 2019）。ポイントとして、図表5 3 3でも示したように、事実と解釈や今後の計画に関する事項は分けて記載できていると後で読み返した時に読みやすい。

図表 5-3-3 ◆ 研修のフィールドノーツ

記録日： 2022年　8月　1日（月）　No.　1/3
場　所：プロジェクトマネジメント研修会場　記録者：A（ピープルアナリティクス担当）

時間	事実ノーツ	解釈／計画／個人ノーツ
研修開始前 （9時50分）	研修会場の様子 ・会場には、前方のスクリーンに向かって大型のテーブルが4つあり、それぞれ自由席で着席する ・参加者は全体で200名程度。今日は30名程度。メモ時点での集まり具合は8割程度。遅刻連絡あり ・オフラインでの研修は1年半ぶりとのこと。マスク着用必須、参加者間の席にも距離がある状況 ・（参加者a）事前配布した研修資料を自身のPCに投影して読み込んでいる、既に集中している様子 ・（参加者b）参加者d（同僚）と業務の近況について談笑している、リラックスしており楽しそう ・（参加者c）筆記用具と事前配布した資料を印刷して持参、始まる前から読んでおり、捲っている ・（参加者d）参加者b（同僚）と談笑。参加者bの話を聴きながら、相槌を打っている。リラックス	 ・事前に資料を読む＝研修の期待が高い ・久しぶりに、同僚と近況について意見交換できる場としても機能している。このようなオフラインの機会がしばらくなかったのかも
…中略	…中略	…中略
実践演習 （11時00分）	・（参加者a）演習は早々と終えており、先の展開について資料で確認している。… ・（参加者b）演習に苦戦。考えが止まっている。少し上の空。… ・（参加者c）演習に取り掛かっている？角度的に見えないが、何か考えている様子… ・（参加者d）演習は終わっており、時折あくびが目立つ。自分のPCで、メールチェックをしている…	・演習は簡単だった人と、難しかった人に二極化していそう。簡単だった人は、新規開拓チームの面々が多そうか ・研修後サーベイは層別で確認した方が良い

図表 5-3-4 ◆ サーベイの設問表イメージ

Q1. 今回の研修を受けてみて、研修の内容は総合的にご自身の業務に役立つイメージはありますか。当てはまる選択肢を一つお選びください。

非常に役立つ イメージがある	役立つ イメージがある	やや役立つ イメージがある	どちらとも いえない	あまり役立つ イメージはない	役立つ イメージはない	全く役立つ イメージはない
○	○	○	○	○	○	○

Q2. 研修では以下のことを学びました。それぞれ学んだことについて、業務で役立つイメージがあるかどうかを選択肢からお選びください。

	非常に役立つ イメージがある	役立つ イメージがある	やや役立つ イメージがある	どちらとも いえない	あまり役立つ イメージはない	役立つ イメージはない	全く役立つ イメージはない
プロジェクトマネジメントの考え方	○	○	○	○	○	○	○
プロジェクト計画の立て方	○	○	○	○	○	○	○
プロジェクト実行時のポイント	○	○	○	○	○	○	○
プロジェクトの評価方法	○	○	○	○	○	○	○
プロジェクトマネジメント実践演習	○	○	○	○	○	○	○
プロジェクトマネジメント参考図書	○	○	○	○	○	○	○

ることもあるが、今回は研修当日の終わりに五分ほど時間を設けて回答いただいた。その場で、振り返りも兼ねて回答いただくことで、回答漏れを防ぎ、研修内容の定着も期待できるため、そのような運用とした。

　研修直後のサーベイの設問設計のポイントとして、総合的に考えて研修が役立ちそうかどうかに加えて、個別に研修パートの学習項目ごとに役立ちそうな度合いを聴いている。こうした構造にしておくことで、研修の総合的な評価と各パートの評価について関連性を分析でき、実務で使えそうな印象を持ってもらった項目や改善の余地がある項目を浮き彫りにすることができる。今回は図表 5-3-5 の通り、ポートフォリオ分析を用いた。ポートフォリオ分析とは、縦軸に研修の総合的な評価指標と他の学習項目との相関の程度を取り[9]、横軸に各学習項目の肯定回答率を取ることで、項目がどこにマッピングされるのかを確認する分析である。総合指標と関連が高く、肯定回答率も高く出た項目は研修全体の総合的な評価を生む源泉となったパートである。一方で、総合的な指標と関連は高いが、肯定回答率が低いパートはまだまだその学習項目を改善する余地があると解釈できる。この解釈において、Phase1 で収集した質的データが役に立つ。実際に課題に挙がった研修パートでどのような表情、態度の参加者が多かったのかを参照し、観察結果からも同様の示唆がうかがえるのであれば、解釈がより強固なものとなる。なお、今回は視覚的に分かりやすいポートフォリオ分析を活用したが、その他にも重回帰分析や決定木分析等、「診断的分析」の手法を用いて分析することも可能である。

---

[9]　この相関の程度については、様々な係数が用いられる。一般に、データの尺度が間隔尺度や比例尺度の場合には、ピアソンの積率相関係数を用いることが多い。サーベイの選択肢回答データは、順序尺度と考えられることも多いが、便宜的に間隔尺度と見なして相関係数を算出することもある。順序尺度の順序性を活かして相関係数を算出する場合は、ポリコリック相関係数を用いることもできる。なお、相関係数は絶対値 0.4 以上で中程度の関連があり、0.7 以上で強い関連があると考えられる。また、複数の変数間の関連を考慮の上で縦軸の係数を算出したい場合は、相関係数ではなく重回帰分析の標準化偏回帰係数を用いるケースもある。この場合は、係数の大きさに基準はなく、相対的な数値の大小や有意基準等から関連性を解釈する。

図表 5-3-5 ◆ ポートフォリオ分析結果

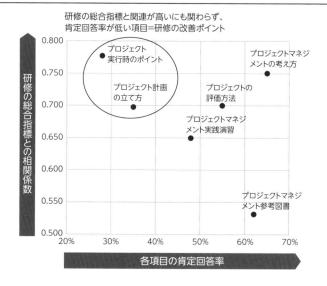

研修の総合指標と関連が高いにも関わらず、
肯定回答率が低い項目＝研修の改善ポイント

5-3-4 [Phase3] サーベイ（研修終了後三ヶ月後）

　さて、今回のケースでは研修直後の状態はもとより、具体的に実務で行動変容が起こることが重要であるため、レベル３までデータを集め、効果検証を行う必要がある。この研修後の行動について効果測定を行う場合でも、サーベイと合わせて質的なアプローチも考慮に入れて検討できると良い。

　まず、研修が終わった三ヶ月後頃を目途に、実態把握のためのサーベイを実施することにした。『研修評価の教科書』でも同様の例示がある。Brinkerhoff の考え方を参考にしながら、研修の数ヶ月後に「簡易アンケート」を実施し、成功例・失敗例の「深掘りインタビュー」を実施することを提案している（Brinkerhoff 2002; 中原ほか 2022: 91）。ここでいう「簡易アンケート」は、研修で学んだことが職場で実践できているかどうかを受講者に聴き、自己評価をもって行動変容の確認を行うイメージである[10]。また、自己評価では甘辛が生じることを懸念するようであれば、少し運用の負荷は上がるが受講者の上司や同僚に、受講者に行動変容がみられるかどうかについて確認することも案としてはある。

今回のケースでは、受講者の本人に対して、三ヶ月後に図表5-3-6のようなサーベイに答えてもらう形とした。

5-3-5 [Phase4] デプスインタビュー

　上記の内容をもとに、実践できていると答えた方については（自己評価ではあるものの）効果があったと解釈できる。一方で、実践できていないと答えた方については、その背景や理由について深掘りを実施できると良い。そうした時に、受講者本人への個別インタビューを通じて、どういった理由から研修での学びが活かせないのかについて意見を伺えると良い。例えば図表5-3-7のようなインタビュー項目が想定される。

　実際にインタビューを実施してみると、どうやら研修で学んだケーススタディとは異なるタイプのプロジェクトマネジメントが求められる業務に関わっている場合、研修での学びが発揮されていない実態があることが明らかとなった。これは、研修のカバー範囲が実態と合っていなかった（あるいは合わなくなった）ことが示唆される。

5-3-6 今後のアクション

　ここまでのデータの収集、分析結果をもとに課題への処方箋が検討できそうである。特に、現在研修の学びが活かせていない層については場合によっては、個別にフォローアップの情報提供を行ったり、時間さえ許すのであれば再度追加の研修を実施することも検討しても良いかもしれない。また、次回の研修内容についても、現場のニーズをより網羅する内容にできるよう、今からでも準備ができるようになる。このように、研修について量的・質的データを元に、効果があった範囲となかった範囲を明確化することが、ピープルアナリティクスにおける研修の効果測

10　この受講後一定期間をあけて、効果測定を実施する点には副次的なメリットもある。筆者が実務上よく強調する点として、「研修内容の復習」に繋がるといったメリットである。人間は往々にして、学んだことを忘れていってしまうため、研修受講後に研修に関する情報が手元に届くことには、研修内容を思い出してもらうことに繋がる。「三ヶ月前にこのような研修がありましたよね」という前置きを設け、場合によって研修内容の要点をまとめて資料もつけながら効果測定を実施できると、よりこのメリットを享受できるだろう。

図表 5-3-6 ◆ 三ヶ月後のサーベイイメージ

この度は、過日に実施されたプロジェクトマネジメント研修の事後サーベイにご協力いただき、ありがとうございます。

このサーベイでは、ご自身の業務の中で研修の内容が活かされているかどうかについてお伺いします。

なお、当日の研修内容は以下のサイトに資料がございます。ぜひご確認いただいた上で、サーベイにご回答くださいませ。

研修特設サイト URL

Q1. 研修を受けてみて、研修の内容はご自身の業務に役立っていますか。当てはまる選択肢を一つお選びください。

非常に業務で役立っている	業務で役立っている	やや業務で役立っている	どちらともいえない	あまり業務で役立っていない	業務で役立っていない	全く業務で役立っていない
○	○	○	○	○	○	○

Q2. 研修では以下のことを学びました。それぞれ学んだことについて、業務で役立っているかどうかを選択肢からお選びください。

	非常に業務で役立っている	業務で役立っている	やや業務で役立っている	どちらともいえない	あまり業務で役立っていない	業務で役立っていない	全く業務で役立っていない
プロジェクトマネジメントの考え方	○	○	○	○	○	○	○
プロジェクト計画の立て方	○	○	○	○	○	○	○
プロジェクト実行時のポイント	○	○	○	○	○	○	○
プロジェクトの評価方法	○	○	○	○	○	○	○
プロジェクトマネジメント実践演習	○	○	○	○	○	○	○
プロジェクトマネジメント参考図書	○	○	○	○	○	○	○

Q3. もし業務で少しでも研修の内容が役立っていることがありましたら、どのような場面で役立っているか具体的に教えてください。(任意回答)

Q4. 研修の内容が、業務で役立っていないと答えた方にお伺いします。具体的に役立っていない理由について詳細をお伺いしたく、別途、ヒアリングのお時間を 30 分ほど頂戴してもよろしいでしょうか。現在の業務状況や研修が活かせなていない理由をお聴きする想定です。もし、承諾いただける方は「はい」をお選びください。後日担当より、ご予定をお送りします。承諾いただけない方は「いいえ」をお選びください。

○ はい
○ いいえ

定においては非常に重要である。

　最後に、（今回のケースではそこまで踏み込まないものの）レベル4や5でいわれている「業績影響」も考慮に入れようとしたときに、何ができるのだろうか。もし量的なアプローチを取るならば、「差の差分析」や「傾向スコア分析」等の統計分析を用いて、研修の受講者と非受講者間の最終的な個人業績や生産性の違いについて、様々な要因を考慮に入れながら、検証することもできるかもしれない[11]。一方で、そうした量的アプローチを行う前提として、研修の受講者と非受講者がランダムに発生していなければならない等、様々な仮定を満たす必要性があることも、認識しておく必要がある。そこまでの分析ができない場合でも、例えば実際に最終的な個人業績が出た後に、特に業績が上がった研修の受講者がいれば、その方に「研修の学びがどの程度業績に寄与したかどうか」についてショートインタビューを実施するといった考え方もある。「あの研修を受けたことによって、自分のプロジェクトマネジメントが変わり、業績に繋がった」あるいは「今回の業績は、正直なところ市況によるところが大きく、研修のおかげだったかどうかは断定できない」といったリアルな意見を拾い、研修の寄与の程度を質的な観点から解釈していくことも可能である。

　なお、レベル5の「ROI」の測定については、『研修評価の教科書』では、「労多くして益なし」とされている。研修の効果として金銭的価値に換算するのが難しいことと、結局そういった算出結果を経営層が評価するとは限らなかったことを理由に挙げている（中原ほか 2022: 76-77）。本書でこれについて詳細に論じる紙幅はないものの、研修の実施

---

[11]　施策実施の効果をデータから検証する場合、「無作為化比較試験（RCT）」と呼ばれる方法が用いられる。今回のケースでいうと、研修受講者のみに着目してデータを収集するのではなく、研修受講者と同じような属性や背景を有していながら、研修未受講の集団のデータと比較することで、その効果性を推し量っていく考え方である。『効果検証入門』では効果測定の考え方や分析手法について分かりやすい紹介がある（安井 2020）。一方で、『研修評価の教科書』では、特に企業の研修評価においては、上記のような効果検証の方法は不要であるとも述べられている。研修評価のプレゼンテーション相手が納得できる手段を選ぶことがビジネス上重要であるため、必ずしも厳密な効果検証にこだわり過ぎないことを提案している（中原ほか 2022）。

図表 5-3-7 ◆ デプスインタビューのフロー

インタビュー項目	インタビューフロー	進行イメージ	所要時間
1. 導入	• 本日のインタビュー目的や趣旨の説明 • いただいた発言の守秘義務等の説明	インタビュー依頼文を再読する。インタビュアーの自己紹介もする。	5分
2. ご自身のお仕事の状況	• 現在関わっているプロジェクト、繁忙の状況 • 研修後に、どのような業務に関わってきたか	現時点の業務の状況と、研修が終わってからの業務の変化も合わせてここで確認しておく。ご自身がその業務について、どう思っている（いた）のかも併せて聴いておく。	10分
3. 研修の内容と業務のギャップ	• 研修の内容で覚えていること、印象にあること • 業務で活かせていない理由 • どういう研修であれば今の業務で活かせたのか	研修で印象にあることは、サーベイで答えてもらっているが、改めて思い出していただくために、再度お伺いする。期待する研修については、一緒に考えるイメージ。今後の情報提供や研修企画のニーズ探索の参考情報としてお伺いする。※時間が余れば	10分
4. 本日の御礼	• 守秘義務等について再説明 • （チェックアウトとして）本日の感想	このような場に参加してみてどう思ったか等、一言もらう。	5分

可否は金銭的価値から判断されるのではなく、あくまで研修受講者にどうなっていてほしいのかといった観点から、丁寧に検討されたい。今回の目的は、「研修受講者の行動変容」であり、行動変容が業績や生産性に繋がるかどうかは別の要因も大いに絡んでくるため、業績や生産性と絡めた効果測定はしないという判断をした。

　最後に、今回のようなデータ収集、分析のアプローチを取る上での留意点として、受講者を研修終了後も一定期間追跡することになるため、その「追跡」について事前に承諾を得ておくことが重要である。サーベイやインタビュー自体も、研修への投下時間に織り込む形で受講者に案内をし、後日のサーベイやインタビューがサプライズにならないよう配意することも重要である。データ収集も含めて「研修」の一端であることを事前に織り込んだうえで、研修が実施されることが望ましい。そのためにも、ピープルアナリティクスの担当者は研修の担当者と協働体制を作り、進んで効果測定案の提案できると良いだろう。

5-4 事例4 エンゲイジメント向上

このケースでは、「エンゲイジメント向上」というテーマにおけるピープルアナリティクスの実践例を確認していこう。あなたはとある会社のD事業部の事業企画チームに所属する一担当者である。D事業部の事業部長は、直近頻発している優秀なメンバーの離職や組織全体の将来的なパフォーマンス不安等の観点から、傘下の組織メンバーの「ワーク・エンゲイジメント」を高めていきたいと考えており、その向上施策の検討が今回のテーマである。データ収集・分析の出発点となる問いは、「組織メンバーのワーク・エンゲイジメントはどのような状態か」「その向上要因は何で、どのような打ち手を打てば良いか」である。

ワーク・エンゲイジメントとは、島津明人著『ワーク・エンゲイジメント』によると、「仕事に誇りを持ち、仕事にエネルギーを注ぎ、仕事から活力を得ていきいきしている状態」である（島津 2014）。この状態は、半年後の心理的・身体的ストレス反応が下がること、あるいは生活満足感や仕事のパフォーマンスの向上に繋がることが期待される（島津 2014; Shimazu & Schaufeli 2009）。事業部長もこうしたエビデンスを根拠に、自組織のメンバーにもエンゲイジメントが高い状態で仕事を行ってほしいと考えている。そこで、どうすればエンゲイジメントが高まるのか、データをもとに戦略を考えることとなった。この実態調査のプロジェクト担当者があなただとしたときに、どのように必要なデータを収集し、どのようデータの活用を企画するだろうか。

5-4-1 プロジェクトの設計

今回は、質的なアプローチからデータの収集を考えてみたい。というのも、いきなりサーベイを実施して、量的にメンバーのエンゲイジメントの状態やその向上要因を測定することもデータ収集のアイデアとして考えられるが、もしサーベイに織り込まれたエンゲイジメント状態に関

	Phase1	Phase2	Phase3
	グループインタビュー	サーベイ	グループインタビュー
収集要件	・事業部内の所属組織混合メンバーで実施（3～4人/全4グループ） ・今のエンゲイジメント状態やその向上のために必要な要因についてグループから意見を聴取する	・Phase1の仮説を元に、メンバー全員に対してエンゲイジメントの状態とその向上要因に関する設問で聴取する	・エンゲイジメントが高いチームと低いチームの上司をグループを分けてインタビューを実施する ・部下との関わり方の工夫や考え方、悩み等を聴取する
	結果のまとめ方のイメージ	決定木分析	因果対立関係分析法
分析要件	・各グループごとの発言録とその要約結果をレポート化 ・レポートを関係者で読み込み、エンゲイジメント状態とその要因について議論、仮説構築を行い、Phase2へ	・聴取した設問ごとの肯定選択肢の回答率を集計する ・エンゲイジメントの向上と関連がある要素について決定木分析で特定し、重要なものを特定する	・マネジメント「行動」に至るまでの考え方や要因について、因果対立関係から整理を行う ・因果対立関係の中から、打ち手を検討する

※Phase3はPhase2実施後に企画を開始

する設問が的を射た表現でなく、その向上要因の設問が網羅的でなければ、効果的な打ち手に繋がらないかもしれない。そのため、質的なアプローチをもって、自組織にあり得そうなエンゲイジメント向上要因のパターンをサーベイ設計前に把握し、そのパターンをサーベイの設問項目に織り込めると安心である。図表 5-4-1 は、今回のプロジェクトの全体の流れのイメージである。図表 5-4-1 は、結果として Phase3 までデータ収集と分析を行ったことを表現しているが、実際にはまずもってPhase2 までが企画されており、Phase2 の結果をもって Phase3 の実施が決定された。このように、データ収集と分析を繰り返す中で、どんどんとアプローチが続いていく流れがあることも意識されたい。どのような観点で Phase3 を実施することにしたのかは、後述する。

5-4-2 [Phase1] グループインタビュー

まず初めに、グループインタビューを企画する。グループインタビューとは、複数人のインタビュー参加者に集まってもらい、一定の共通した問いをその場に投げかけ、意見を述べてもらう質的データの収集アプローチである。

『実践グループインタビュー入門』では、この手法のメリットを三十

も取り上げている。今回はそのメリットの中でも次の二つを求めてこのアプローチを採用することにした。一つには、個人にインタビューする際には出てこないようなアイデアや「あるある」を引き出せる点である。「エンゲイジメント」という耳慣れないテーマについて理解を深めるためにも、集団で意見を交わし合うことによる創発性に期待してグループインタビューを実施する。もう一つのメリットは、参加者の自発性である。グループインタビューの参加者は、個人にインタビューする時と比べて、自発的にインタビューテーマに向き合う雰囲気が醸成されやすい。エンゲイジメントという抽象度の高いテーマだからこそ、集団であるがゆえに「そのテーマについて皆で考えてみよう」という思いになってもらい、様々な意見が出ることを期待している[12]。

図表5-4-2は、今回のグループインタビューの流れを示したものである。

今回は、傘下の組織からまんべんなくメンバーをインタビューに呼集した。できるだけ、特定の所属や役職、勤続年数に偏らないよう、あえて参加者の属性は混ぜて幾つかのグループを構成し、図表5-4-2のフローをもとにインタビューを実施した。特に、インタビューで盛り上がったのは、エンゲイジメント状態を左右する要因について、参加者で意見出しを行った部分である。自分や周囲のエンゲイジメントに思いを馳せながら、こういう要素が大事であろうという要素が幾つか出てくるよう、意見を伺った。

意見を伺う際のポイントとして、「一問一答形式」と「話し合い形式」の使い分けを意識されたい。両者については『オンライン定量・定性調査の基本』に分かりやすい解説がある（岸川編 2021）。図表5-4-3では、一問一答形式がホイール型、話し合い形式が完全連結型と呼ばれている。ホイール型は、基本的には場に参加している人たちそれぞれに意見を一

---

[12] この創発性については、『実践グループインタビュー入門』では、まさにインタビューが「集団」であることによる「相互啓発効果」として付言がある。自発性は文字通り「自発性の効果」として記載されている（梅澤 1993）。この文献は、グループインタビュー全体の流れや企画、実施時のコツ、そして集団であるが故のインタビューの場のコントロールの難しさにも付言があるため、実践される際にはぜひ参考にされたい。

図表 5-4-2 ◆ グループインタビューのフロー

インタビュー項目	インタビュー内容	進行イメージ	所要時間
1. 導入	・本日のグループインタビュー目的や趣旨の説明 ・いただいた発言の守秘義務等の説明 ・インタビュー参加者の自己紹介	（一問一答形式）インタビュー依頼文を再読する。 1 グループ 3 〜 4 人のため、1 人当たり 1 分程度の自己紹介を想定 所属部署、担当業務、今の気持ちの 3 つで自己紹介してもらう。	15 分
2. ご自身のワーク・エンゲイジメントの状態	・ワーク・エンゲイジメント定義の提示、印象の確認 ・エンゲイジメントのご自身の状態（5 段階評価） ・その理由	（一問一答形式）エンゲイジメントの定義を見せ、反応を見る。この概念についてポジティブな印象か、ピンとこないのか等、印象を確認しておく。次に、5 段階の尺度をフリップで提示。その場で考えてもらって答えてもらう。出てきた理由は、メモしておく。	25 分
3. エンゲイジメントの状態を左右する要因	・事業部のメンバーが、エンゲイジメントの高い状態に至るためにどのような条件が必要そうか ・この条件や環境がないと、下げる要因はあるか	（話し合い形式）自分の経験や、自分が他のメンバーと仕事をする中での「仮説」を話してもらう。自分の話だけにならないよう注意。 上司や同僚、キャリア、仕事の内容等、観点はフリップで提示する。 ※観点は細かすぎない粒度で仮説レベルのものを提示する。	35 分
4. 本日の御礼	・守秘義務等について再説明 ・（チェックアウトとして）本日の感想	（一問一答形式）このような場に参加してみてどう思ったか等、一言もらう	10 分

図表 5-4-3 ◆ インタビューの実施の型

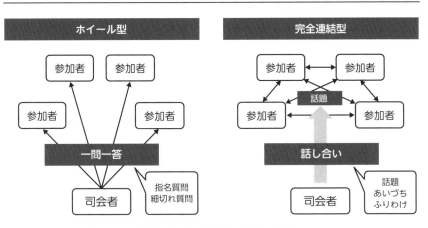

※岸川編（2021: 93）図表 3-7 及び梅澤（1993）図 1-7 を参考に、筆者にて作成

問一答で聴いていく。これは、基本的には前述したグループインタビューならではの創発性や自発性は多くは期待できないため、この型だけで時間が過ぎてしまうことは（今回の趣旨に照らすと）避けたい。一方で完全連結型は、参加者が相互に意見交換を行っており、創発性や自発性が求められる場の仕掛けとなっている。今回のグループインタビューについては、前段のご自身のことについて意見を聴く部分はホイール型で場を温めつつ、エンゲイジメントの向上要因に考えを巡らせる部分は完全連結型を意識したファシリテーションを行った。

5-4-3 [Phase2] サーベイ

　さてグループインタビューを通じて、参加したメンバーのエンゲイジメント状態は様々であったが、その要因はある程度パターンがありそうだ、というところまで分かってきた。具体的には、上司の部下に対する関わり方、仕事が成長に繋がるかどうか、同僚との協働やキャリア形成等が特に重要な要因として考えられそうである。これらは、あくまで特定のインタビュー参加者の発話から読み解いた解釈であり、ある種の「仮説」である。そのため、より具に実態を把握するべく、事業部のメンバー全員を対象とする実態把握サーベイを実施することとした。そのサーベイには、インタビューで得られた様々な仮説を盛り込んでいる。また、インタビューの中で、エンゲイジメント自体の印象について意見をもらっており、その意見を踏まえ、メンバーにとって馴染みのある表現に調整をしたエンゲイジメント状態に関する設問もサーベイに盛り込み、後の分析に活用する。サーベイは図表5-4-4のようなイメージで案内した。

　結果については、まず各設問項目の肯定回答率（非常にそう思う〜ややそう思うまでの選択率）を集計した。そうすると、特に上司のメンバーへの関わり方に関する項目で、他の設問項目と比較しても低いスコアが確認された。また、エンゲイジメント向上にあたってどのような項目が重要になるのかを調べるために、「決定木分析」と呼ばれる分析を行った。分析結果のイメージは図表5-4-5の通りである。『教科書』では、この分析について「分岐の条件がツリー構造で可視化されるため、解釈性・

図表 5-4-4 ◆ サーベイの設問イメージ

D 事業部メンバー向け意識調査のご案内

この度は、お忙しいところ D 事業部メンバー向けの意識調査にご協力いただきましてありがとうございます。
このサーベイでは皆さんのお仕事や働き方に関する実態や考え方ついてお伺いします。
いただいた回答は、事業企画部のサーベイ事務局のみが閲覧し、上司や同僚に公表されることはありません。
ご自身や上司の評価に直結することもございませんので、安心して率直にお答えください。

Q1：まずは、お仕事に対する考え方についてお伺いします。
　　　それぞれの項目について当てはまる選択肢をお選びください。

	非常に そう思う	そう思う	ややそう思う	どちらとも いえない	あまりそう 思わない	そう思わない	全くそう 思わない
私は、今の自分の仕事にやりがいを感じている	○	○	○	○	○	○	○
私の仕事は社会にとって価値があるものとだと感じる	○	○	○	○	○	○	○
…	○	○	○	○	○	○	○

Q2：次に、ご自身の直属の上司についてお伺いします。
　　　それぞれの項目について当てはまる選択肢をお選びください。

	非常に そう思う	そう思う	ややそう思う	どちらとも いえない	あまりそう 思わない	そう思わない	全くそう 思わない
私の上司は、私の成長のためにアドバイスをくれる	○	○	○	○	○	○	○
私の上司は、自身の組織の方針をメンバーに示している	○	○	○	○	○	○	○
…	○	○	○	○	○	○	○

説明性が高く、要因分析にも多用される」手法として紹介がある（ピープルアナリティクス＆ HR テクノロジー協会 2020: 84-85）。平たく言えば、データ全体をエンゲイジメントが高いグループと低いグループにできるだけ明瞭に分割しようとする。その際、条件にどの設問項目を用いればうまく分割できるのかを特定する分析である。分割の条件として特定された設問項目は、エンゲイジメントの高低を決定するものとして解釈できる[13]。

　図表 5-4-5 を見ると、条件として上司項目が幾つか列挙されている。多数ある項目の中でも、ここに挙がってきている項目はエンゲイジメントの向上に関連がありそうだといえる。エンゲイジメントが高いグルー

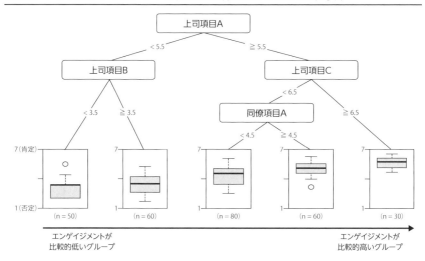

プと低いグループを分ける分水嶺は上司項目であると解釈できる。つまり、事業部における上司のマネジメントに課題があり、ここを突破口にエンゲイジメント向上にまでつなげてく、そうした打ち手が描けそうなイメージが少しずつ湧いてきた。

5-4-4 [Phase3] グループインタビュー

ここまではメンバーの意見をもとに、課題の特定やエンゲイジメントの現況を分析してきたが、その重要な要素が「上司」であるならば、上司のマネジメントにおける工夫や悩みを聴取することで後続の施策で解決しないといけないことへの解像度が上がる期待がある。そこで後続の流れとして、グループインタビューを実施することにした。図表5-4-6は、実施するグループインタビューと後続の分析に関する要件定義書である。

今回は、上司のみに実施するグループインタビューである。実施に差

---

[13] 　決定木分析は、解釈しやすい構造を分析結果として出力するため、診断的分析（要因分析）でよく用いられる。この分析は、予測分析で活用されることもある。分析から発見された条件分岐のパターンを元に、データがどのグループに分類されるのかを予測する。ただし万能ではなく、データの分布によってはうまく予測ができなかったり、データに過剰適合してしまうこともあるため、注意が必要である。

し当たっては、エンゲイジメントが比較的高い組織をマネジメントしている上司と比較的低い組織の上司とで、インタビューのグループを分ける。今回聴取したいのは、組織マネジメントの工夫と、その悩みだが、グループインタビューである以上エンゲイジメントが高い組織の上司と低い組織の上司を同じグループにすると、低い組織の上司が引け目を感じて喋りにくくなり、置かれている状況の違いから創発性や自発性が出てきにくい可能性があるため、グループを分ける工夫を行った。このようにインタビューで聴取する内容や参加者の状況に応じて、誰を同じグループとして呼集するのかは入念に検討されたい。

　さらに、前回のグループインタビューはグループごとの発言録と要約結果のみをアウトプットとしていたが、今回はより具体的なアクションに繋げていくために、因果対立関係分析法と呼ばれる、質的データを構造的に整理する分析を行う。図表 5-4-7 は、分析の流れを『実践グループインタビュー入門』（梅澤 1993）を参考にしながらまとめたものである。この手の質的データの分析において、重要な点は複数人で作業を実施し、解釈を擦り合わせていくことにある。この事例でも、事業企画チームメンバー数人で因果対立関係について整理を行っていくことにした。

　上記のような分析プロセスを経て、図表 5-4-8 のようなアウトプットが導出される（図中の白いボックスが「島」である。「島」の中にカードの因果・対立関係が包含されている）。結果を見ていくと、D 事業部では自身もプロジェクトを幾つも運用しながら、メンバーのマネジメントを行う上司が多いという実態があり、配下のメンバーに業務の権限移譲もできておらず、日々の会話や業務フィードバックの時間を十分に持てていないことが分かってきた。逆にエンゲイジメントが高い上司は、意識的にそうした時間を確保できている様子もうかがえた。もし、自組織にエキスパート職（上司と同等の職位で部下を持たない専門職）の方がいれば、多少業務やマネジメントの負担が抑えられることもヒントとして得られた。

　上記のような解像度で結果が得られると、この実態調査プロジェクトの担当者の打ち手も明確になる。主に図表5-4-8の分析結果をもとに、まず考えられるのが上司の業務状況の改善である。上司負担を考慮した意思決定権限、レポートラインの見直しや特定の組織に偏らないエキスパート職の再配置等、事業部長がリードして改革することができる。また、時間的余裕が捻出された上で、上司向けのマネジメントに関するインプットや研修も有効であろう。メンバーとの関わり方に関する重要性の理解とその方法について、意識づけを行うことで、上司とメンバーとの信頼関係の醸成を促していくことも期待される。

　このように、量的・質的アプローチを組み合わせた丁寧な実態調査を行うことで、エンゲイジメント向上のための真因に迫ることができ、状況認識の誤りや、中途半端な施策の無駄打ちを避けながら、施策に繋げていくことができる。この事例では、量的・質的アプローチとも、物事の構造を浮き彫りにする分析結果をもって、職場の実態に迫ることができた。特にグループインタビューとその分析には、労力はかかるものの、うまくできると施策の企画と実行に向けた強力な後押しになるだろう。ぜひ、質的アプローチも人材と組織の実態に迫るための「道具」として持ちながら課題解決や価値提供を進められたい。

図表 5-4-6 ◆ 実施するグループインタビューと後続の分析に関する要件定義書

No.	項目	記入事項
	プロジェクト名	ワーク・エンゲイジメント向上プロジェクト
事業課題要件		
1	依頼組織、依頼者	D事業部 事業部長
2	目標とする成果/達成条件	事業部配下メンバーの「ワーク・エンゲイジメント」向上の施策立案
3	背景、課題	事業部における優秀メンバー離職や将来の組織全体のパフォーマンス不安
4	施策：課題に対して誰が何をするか	事業部長承認のもと、事業企画チームが施策立案、実行までをリード
5	期限：いつまでに解決したいか	2020年12月までに施策を立案し、3月から事業企画チーム主導で実行
収集要件		
	収集目的	//
6	・なぜ集めるのか	サーベイの結果から上司の重要性が明らかになり、上司の課題を深掘るため
7	・集めた結果どうするか	上司のマネジメントにおける課題を明らかにし、支援策を検討して実行する
	収集対象	//
8	対象	事業部の組織においてメンバーマネジメントを行っている上司
9	・収集するデータの数	上司8名
10	・収集するデータの構成	エンゲイジメントの高い/低い上司それぞれグループを分けて実施
11	方法	グループインタビュー
12	項目	部下メンバーとの関わり方の工夫、考え方、悩み、その理由等
13	利用目的の明示、同意	インタビュー実施の案内を上司向けにする際に、利用目的や開示範囲を伝達
14	収集場の留意点	エンゲイジメントの高い/低い上司は、グループを分けて実施する点に留意
	参考資料	//
15	・先行研究、外部調査	-
16	・参考にする過去社内資料	事業部メンバー向けのサーベイ結果報告書参照
管理方法		
17	データの管理場所	インタビューログは事業企画チームで管理。チーム外展開の場合は要確認
18	データのアクセス権	チームメンバー＋事業部長のみドキュメントを参照できるよう権限付与
スケジュール・予算/費用対効果・プロジェクト体制		
19	マイルストーン、スケジュール概要	2020年12月までに施策を立案し、3月から事業企画チーム主導で実行
20	予算/費用対効果	事業企画メンバーの工数にて対応
	プロジェクト体制	//
21	・プロジェクトマネジメント担当者	事業企画チーム山田
22	・データ収集担当者	事業企画チーム山田、田中さん
23	・データ管理担当者	事業企画チーム山田、田中さん
24	・データ管理責任者	事業企画チームリーダー山下さん
その他特記事項		
25		

No.	項目	記入事項
	プロジェクト名	ワーク・エンゲイジメント向上プロジェクト
事業課題要件		
1	依頼組織、依頼者	データ収集の要件定義書参照
2	目標とする成果/達成条件	
3	背景、課題	
4	施策：課題に対して誰が何をするか	
5	期限：いつまでに解決したいか	
分析要件		
	分析目的	//
6	・誰に	事業部長、及び事業企画チーム
7	・どんな情報を	エンゲイジメント向上のための打ち手案について
8	・どれくらいの頻度で提供するか	関係者を呼集した議論の場で分析結果を報告
9	・どのような行動を引きおこそうとするか	議論の場で結果に基づく方針を策定し、合意。以降は事業企画チームが主導
	アウトプットイメージ	//
10	・作成・共有ツール	報告書による分析結果の共有
11	・表現方法	因果対立関係分析法に基づく、要素間の関係を図示したもの
12	・分析手法	因果対立関係分析法　※梅澤（1993）の順を参考に分析
13	アウトプットの詳細情報（分析区分等）	
14	アウトプット作成プロセス（手順）	担当による分析ルール策定→他メンバーによる分析→報告書作成の手順
データ要件		
15	データの粒度	個人単位のインタビューログデータ
16	必要なカラム	-
17	データ抽出条件	-
18	検算方法	-
スケジュール・予算/費用対効果・プロジェクト体制		
19	マイルストーン、スケジュール概要	分析は2020年11月までに完了予定。方針策定の場は12月初旬予定
20	予算/費用対効果	事業企画メンバーの工数にて対応
	プロジェクト体制	//
21	・プロジェクトマネジメント担当者	事業企画チーム山田
22	・分析担当者	事業企画チーム山田、田中さん、遠藤さん、小林さん（因果対立関係分析のみ）
23	・データエンジニアリング担当者	-
24	・データ、分析基盤担当者	-
その他特記事項		
25	本件実施責任者は、事業企画チームリーダー山下さん	

図表 5-4-7 ◆ 質的データ分析の流れ

順番	内容	詳細
1	メンバーを集め、ルールを確認	・梅澤（1993）によると、できれば、2～3人で分析作業を実施するのが良い ・今回の分析における分類ルールや話し合いのルールについて関係者間ですり合わせておく ・必要に応じて、付箋やホワイトボード等の準備を行う
2	グループインタビュー発言録等のデータの確認	・発言録の全てを活用しない場合もあり、不要な部分をカットする等して整理 ・場合によっては表現の手直し、意味や一義性の確認を行っておく
3	インタビューで聴かれた発言内容を「要記」としてカードに転記する	・発言内容をこれ以上切り離せない要素に分解し、一つのカードに転記する ※これ以上切り離せない：一枚のカードに因果関係や対立関係の要素が入らない粒度を指す
4	似ているカードを束ねたり、因果・対立関係を整理する	・意味的に同類のカードがあれば一つにまとめる ・「だから」「それによって」等の言葉で連結されるカード同士は因果関係があるとして整理 ・「…がしかし」「にもかかわらず」等の言葉で関係づけられるカード同士は対立関係として整理 ・因果は上下、対立は左右にカードを配置。すると、カード同士が結びついた島が複数生まれる
5	整理されたかたまり（島）に名前を付ける	・カード同士が結びついた島について、要するにその島が何を意味するのか文章化する ・島は一つの線で囲い、島同士の境界が分かるようにしておく
6	整理されたかたまり（島）の関係を線でつないでさらに整理する	・島と島に、因果や対立等の関係が見出せることもある、その場合は線を引き、線も文章化する ・全ての島間で関係を整理する。ステップ法（梅澤 1993）等で整理することもある
7	整理された全体像を解釈する	・幾つかの島の中に複数のカードが配置されており、さらにその島同士の関係が線で結ばれる ・全体像は、あくまでインタビューを構造的に整理したもの。関係者でこれを解釈し、議論する

図表 5-4-8 ◆ 因果対立関係分析法の分析結果

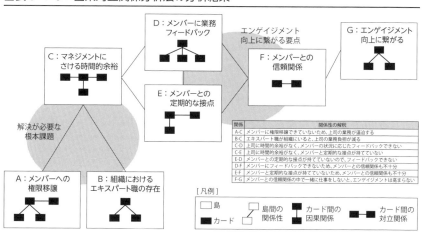

D：メンバーに業務フィードバック

エンゲイジメント向上に繋がる要点

G：エンゲイジメント向上に繋がる

C：マネジメントにさける時間的余裕

F：メンバーとの信頼関係

E：メンバーとの定期的な接点

解決が必要な根本課題

A：メンバーへの権限移譲

B：組織におけるエキスパート職の存在

関係	関係性の解釈
A-C	メンバーに権限移譲できていないため、上司の業務が逼迫する
B-C	エキスパート職が組織にいると、上司の業務負担が減る
C-D	上司に時間的余裕がなく、メンバーの状況に応じたフィードバックできない
C-E	上司に時間的余裕がなく、メンバーと定期的な接点が持てていない
E-D	メンバーの定期的な接点が持てていないので、フィードバックできない
D-F	メンバーにフィードバックできないため、メンバーとの信頼関係も不十分
E-F	メンバーと定期的な接点が持てていないため、メンバーとの信頼関係も不十分
F-G	メンバーとの信頼関係の中で一緒に仕事をしないと、エンゲイジメントは高まらない

［凡例］
□ 島　□ 島間の関係性　■ カード間の因果関係　■ カード間の対立関係
■ カード

ピープルアナリティクスの「権力性」

　このコラムでは、ピープルアナリティクスの取り組みにおける「権力性」について考察してみたい。「権力（性）」とは何か。これは『調査と権力』で端的に表現されている通り、「個人を主体化し自らある行為をするように導くこと」（松本 2014: 36）である。平たく言うと、とある誰か（これは個人の場合もあれば、政府のような組織や機関の場合もある）の思惑通りに、別の人が自ら進んで特定の行為をするよう仕向けることとして解釈できる。具体的な場面でいうと、法律の存在によって私たちが他の人に迷惑をかけないよう生活するよう進んで協力していること等を思い浮かべていただけると分かりやすい。社会生活の維持においては有益な側面もあるが、結局のところ何らかの力によって「従わされている」という点で、真の意味での当人の主体性や自由が剥奪されているという、側面もある。社会科学においては、この権力性の作用がよく研究テーマとして取り上げられる。

　これが、ピープルアナリティクスにどのように関わってくるのだろうか。別の事例にも触れながら確認しよう。先ほど取り上げた『調査と権力』においては、開発途上国に対して行われる様々な調査が、開発途上国に対して「このように生きなさい」という誘導を伴う「統治の手段」になっていることが指摘されている（松本 2014: 303）。ピープルアナリティクスでいうと、「エンゲイジメント」に関するサーベイを実施した際には、回答者に対して「エンゲイジメントは高くあるべき」という規範を暗に提示しており、結果もその「あるべき」を目指して活用される。エンゲイジメントの向上のための情報提供を人材と組織にするとき、私たちは暗に人材と組織を本人の意思に関係なく、あるべき方向に誘導していると考えられる。これ自体は何ら否定されるものではない。一方で、「エンゲイジメント」が当人の自発性を元に奮起されるものであるならば、経営や

人事が過度に誘導して奮起させた「エンゲイジメント」が果たして本当に自発的といえるのか、といった論点は当然検討されるべきだろう。

　第1章のコラムでは、「実装」におけるレコメンデーションに求められるバランスについて付言したが、その点も「権力性」の観点から再解釈できる。ピープルアナリティクスにおける「理解」の取り組みももちろんだが、特に「実装」の取り組みは、人材と組織の将来やアクションをコントロールしようとしている点で、この権力性がより一層生じる可能性があることに注意が必要である。例えば、人材や組織に対して「このままだとこうなる」という予測結果を提示したり、「あなたはこうした方が良い」という処方結果を提示することは、有益な点もあるが、提示対象を特定の行為、あるべき姿に強く誘導しようとしているとも捉えられる。これが行き過ぎると、人材や組織は、ピープルアナリティクスから提示される情報の思うままになってしまい、自分たちの力で問題を解決したり、試行錯誤することをやめてしまうかもしれない。人材と組織を自分たちの思い通りにすることがピープルアナリティクスの目的ではないと信じたい。だからこそ、その結果活用には、権力の作用に配慮した「バランス」感覚が求められる。

　この「バランス」を取るための考え方を取り上げておこう。『調査と権力』でも指摘されているが、ピープルアナリティクスを行う担当者が、権力性について自覚を持つことである。「あるべき姿の押し付けになっていないか」「このあるべきについて、人材と組織はどう思うのか」「自分たちは人材と組織について、彼らの心情を無視してコントロールしようとしていないか」等、自分たちの取り組みが、データを収集され、分析される側から見た時にどう感じられるのかを想像することが、過度な権力の発動を抑制する手段になるかもしれない。これは「理解」の観点を突き詰めて実践することでもある。「理解」は自分たちの知りたいことだけを「理解」するのではなく、人材と組織が自分たちのことや、自分たちのやろうとしていることについてどう思うのか、といったレベルまで「理

解」し、受け止めながら物事を進めることも、有効であろう。この点を純粋に実行しようとすると、当然に苦労や負荷がある。第6章ではこういった取り組みの逡巡や葛藤について補足があるため、ぜひそちらもご覧いただきたい。

参考文献

一般社団法人ピープルアナリティクス＆HRテクノロジー協会著，北崎茂編，2020，『ピープルアナリティクスの教科書：組織・人事データの実践的活用法』日本能率協会マネジメントセンター.

中野崇，2018，『マーケティングリサーチとデータ分析の基本』すばる舎.

白川克・濵本佳史，2021，『システムを作らせる技術：エンジニアではないあなたへ』日本経済新聞出版.

▶5-1：採用基準の見直し

浅野憲一，2010，「わりきり志向尺度の作成および精神的健康、反応スタイルとの関係」『パーソナリティ研究』18（2），105-116.

Kashdan, T. B., Stiksma, M. C., Disabato, D. J., McKnight, P. E., Bekier, J., Kaji, J., & Lazarus, R., 2018, "The five-dimensional curiosity scale: Capturing the bandwidth of curiosity and identifying four unique subgroups of curious people," *Journal of Research in Personality 73*, 130-149.

西川一二，2018，「好奇心の5次元尺度の日本語版の開発―好奇心の領域と対象について」『感情心理学研究』26（Supplement）.

菅沼慎一郎・中野美奈・下山晴彦，2018，「精神的健康における適応的諦観の意義と機能」『心理学研究』89（3），229-239.

▶5-2：社員の離職防止

荒木淳子，2020，「働く人の学びを捉える：質的データからのカテゴリー析出」梅崎修・池田心豪・藤本真編，『労働・職場調査ガイドブック：多様な手法で探索する働く人たちの世界』中央経済社，125-128.

一般社団法人ピープルアナリティクス＆HRテクノロジー協会著，北崎茂編，2020，『ピープルアナリティクスの教科書：組織・人事データの実践的活用法』日本能率協会マネジメントセンター.

厚労省，2021，『令和3年雇用動向調査結果の概況』.

▶5-3：研修の効果測定

Brinkerhoff, R.O., 2002, *The Success Case Method: Find Out Quickly What's Working and What's Not*, Berrett-Koehler Publishers.

Emerson, Robert M, Fretz, Rachel I, Shaw, Linda L, 1995, *Writing ethnographic fieldnotes*, Chicago: University of Chicago Press.（佐藤郁哉・好井裕明・山田富秋 訳，1998，『方法としてのフィールドノート：現地取材から物語作成まで』新曜社.）

中原淳・関根雅泰・島村公俊・林博之，2022，『研修開発入門「研修評価」の教科書：「数字」と「物語」で経営・現場をかえる』ダイヤモンド社.

太田裕子，2019，『はじめて「質的研究」を「書く」あなたへ』東京図書.

Philips, Jack J, 1997, *Handbook of training evaluation and measurement methods.（3rd ed.）*, Texas: Gulf Professional Publishing.（渡辺直登・外島裕 監訳，1999，『教育研修効果測定ハンドブック』日本能率協会マネジメントセンター.）

安井翔太，株式会社ホクソエム監修，2020，『効果検証入門：正しい比較のための因果推論／計量経済学の基礎』技術評論社.

▶5-4：エンゲイジメントの向上

一般社団法人ピープルアナリティクス＆ HR テクノロジー協会著，北崎茂編，2020,『ピープルアナリティクスの教科書：組織・人事データの実践的活用法』日本能率協会マネジメントセンター.

岸川茂編，JMRX NewMR 研究会著，2021,『オンライン定量・定性調査の基本』日本実業出版社.

Shimazu, A., Schaufeli, W.B., 2009, "Is workaholism good or bad for employee well-being? The distinctiveness of workaholism and work engagement among Japanese employees," *Industrial Health 47*, pp495-502.

島津明人，2014,『ワーク・エンゲイジメント：ポジティブメンタルヘルスで活力ある毎日を』労働調査会.

梅澤伸嘉，1993,『実践グループインタビュー入門：消費者心理がよくわかる』ダイヤモンド社.

▶コラム

松本悟，2014,『調査と権力：世界銀行と「調査の失敗」』東京大学出版会.

第**5**章　ピープルアナリティクスの実践例

第 6 章

ピープルアナリティクスの組織化

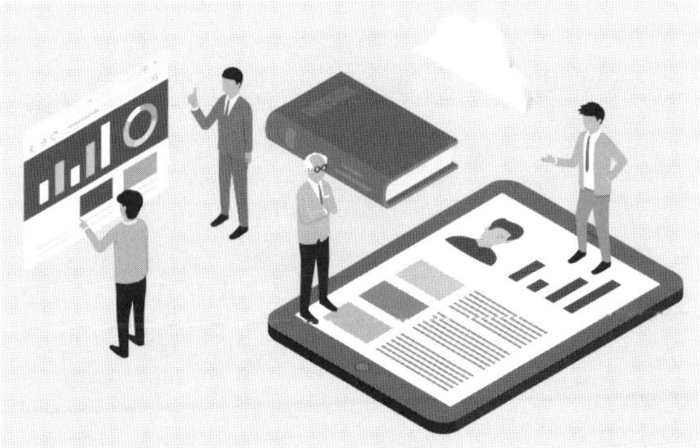

ここまで、ピープルアナリティクスの再定義を行い、さらに人材と組織の「理解」のため道具箱を丁寧に整理してきた。実際に量的・質的アプローチを駆使しながら、どのように人材と組織を理解し、「役立つ」ことができるのかについて、幾つかのケースを参照しながら新しい定義としてのピープルアナリティクスの"理解"を深めてきた。ここまでの議論を踏まえると、人材と組織を「理解」するための個々のピープルアナリティクスプロジェクトを実践してみることは可能になるかもしれない。一方で、そういったプロジェクトに幾つも関わり、組織的にこの取り組みを実践していくような場合には、相応の作戦が必要になってくる。

　そこで本章では、ピープルアナリティクスを組織的に推進していくために、ピープルアナリティクス担当者は何を準備し、組織として何を整えていけば良いのかについて考察する。自社におけるピープルアナリティクスの組織化のロードマップとして、本章の議論が参考になれば幸いである。

6-1 なぜ組織的な推進が必要なのか

　著者らは2019年から一般社団法人ピープルアナリティクス＆HRテクノロジー協会にて、ピープルアナリティクスの推進に関わる研究会を実施してきた。そこでは「どうすれば企業の中でピープルアナリティクスが組織的に推進できるのか」というテーマを掲げ、有識者や他の企業の皆様とその課題や乗り越え方について議論してきた。

　なぜ、ピープルアナリティクスの「組織的」な活動が必要になってくるのだろうか。結論からいうと、本気でこの取り組みを推進しようとすると、単に分析だけ行っていれば良いということは稀で、社内のデータに関するルールの見直しや新たなガイドラインの策定、データ収集の仕組みや管理基盤の構築、そのためのテクノロジーの導入や人材育成等、非常に幅広い業務を行っていくことが求められるからである。となると、一人の担当者がデータ分析を行いながら、その他の業務も並行して対応することには限界があり、多様な業務に対応できるメンバーが必要になる。社内でピープルアナリティクスがうまく浸透し始めたのであれば、その推進を一人の担当者任せにするのではなく、組織的に推進していく体制にシフトすることを検討されたい。ただし、やみくもに人材を集めて、特に方針や戦略なく組織を立ち上げても、ピープルアナリティクスの推進は思ったほど進まないだろう。そればかりか、せっかくピープルアナリティクスの専門部隊を作ったのに、その仕事や成果が見えにくいという風評が立つことで、組織の解体や機運の盛り下がりも起こり得る。

　以降の節では、戦略的にピープルアナリティクスの組織運営を行っていくために、推進の担当者（あるいは責任者）が考えるべき論点を明確にする。

6-2 組織化のための論点

　『最強のデータ分析組織』は、企業の中でデータ分析を組織的に行っていくためのノウハウが凝縮されている。同書においては、大阪ガス株式会社で活躍したデータ分析の専門組織が題材とされ、その組織のメンバーが「業務コンサルティング力」に長けていることが紹介された。メンバーは当然にデータ分析にも知見が厚いものの、それだけではなく「社内コンサルタント」として周囲からは認識されている。メンバーが、他の組織の業務課題をデータという観点から解決し、会社に貢献しようともがいてきたために、このようなコンサルティング能力を身につけざるを得なかったからだという（河本 2017）。

　ピープルアナリティクスの組織を考える上でも「社内コンサルタント」の観点は参考になる。人材と組織に関わるデータ利活用業務を独立した専門組織に集約する場合、自分たちが人材と組織に関わる施策運用（人材育成のための研修や制度改定等）を行うのではなく、その施策担当者と協働しながら「理解」や「実装」に関する知見を提供することになる。つまり実態は「社内コンサルタント」よろしく、量的・質的データの収集や管理、分析、そして実装サービスを他の組織に対して提供するイメージである。そのようなコンサルティングモデルに基づいて活動していくことが、ピープルアナリティクスを組織的に推進する際の出発点だと考えられる[1]。

　では、何でもかんでも「コンサルティング」かでいうとそうではない。あくまで、一定の業務範囲を定めたうえで、自分たちの組織の提供するサービスを具体化していくことになる。そこで、組織的な推進のために

---

[1]　なぜ出発点かというと、研究会に参加いただいたピープルアナリティクスの独立組織がある企業では、人材と組織に関するデータ活用を他の組織に対してサービスとして提供するモデルが多かったことを踏まえている。無論、ピープルアナリティクスが一つの組織に独立した場合でも、人材と組織に関わる施策の企画や運用を業務として組織が受け持つ可能性はあり得る。組織における業務の在り方はその企業に応じて異なるため、組織デザインを行うにあたっては本書の議論に縛られずに検討されたい。

以下の論点を順に考えていくことにする。

1．組織の存在意義を決める
2．組織のやるべきことを決める
3．組織の立ち位置を決める
4．組織の人材配置を決める
5．組織の取り組みの評価方法を決める

　上記は、ピープルアナリティクス以外の領域のデータ分析組織の工夫や、実際に研究会の中で行われたピープルアナリティクスを組織的に推進している先進企業との意見交換を通じて整理された、組織運営のための論点でもある。この論点について入念に考えられ、それぞれ明確になることによって、ピープルアナリティクスは組織として推進できると考えられる。特にその順番が重要であり、いきなりデータサイエンティストを組織に配置するといった話をし始めるのではなく、自分たちにとって必要なピープルアナリティクスが何かについて考え始め、その必要性に応じたサービス、立ち位置、人材配置、評価方法を入念に検討していくことになる。

　以降は、それぞれの論点についてどのように考えていけば良いかについてアイデアを提示する。なお、できるだけ各社の個別事情に適合する内容としたいが、この後で提示される考え方はある程度一般化されており、自社の痒いところに手が届く内容ではないかもしれない。本当は各社の担当者と共に、その会社に合った推進の方法を考えたい思いがあるものの、この内容を考え方の補助線、検討のたたき台としていただき、自社の推進の足がかりとしてもらえると幸いである。

6-2-1　組織の存在意義を決める

　ピープルアナリティクスは、人材と組織に関する「理解」や「実装」のための業務を行う。ではその「理解」や「実装」が自社に必要かどうかが、組織化に向けた最初の検討ポイントになるだろう。例えば30人

規模の企業で、人事担当者がそれぞれの社員のことをよく理解できており、滞りなく意思決定ができているのであれば、大々的なピープルアナリティクスの導入は不要とも言える。一方、1000人超規模の企業で、人材と組織について不透明性が増しており、その「理解」の不足から、人材の流失や組織に不和を招いている可能性があれば、ピープルアナリティクスを組織的に実践する余地がある。つまり、自社で起こっている人材と組織の課題、あるいは将来に向けた不安について解像度を高め、そこに列挙された課題や不安について、「理解」や「実装」による解決が一層望まれる状況であれば、ピープルアナリティクスを組織的に遂行する価値がある。

また、エンゲイジメントやウェルビーイングの向上等がその企業のビジネスにおける重要なテーマとなり、これまで以上に人材や組織について深い洞察が求められる場合にも、ピープルアナリティクスの必要性が高まる可能性がある。本当に自社にピープルアナリティクスという取り組みが必要かどうかといった存在意義や必要性を検討するためには、社内の人材と組織に関わる関係者を巻き込んで、自社の人材と組織に関する現在および将来の課題や不安を具体化する議論を実施することも有効かもしれない。また、人事部門であれば社内の人材戦略をより効果的に実践する上で、「理解」や「実装」の必要性を吟味してみることも重要である。いずれにしても、そのようなピープルアナリティクスの必要可否について合意するためには、この取り組みが何をし、どのような価値提供ができるのかを関係者がきちんと理解しておく必要がある。ぜひ本書、あるいは本書で参考文献に挙げた先人の知見を参考にしつつ、各社でのピープルアナリティクスの存在意義を具体化いただきたい。

6-2-2 組織のやるべきことを決める

その取り組みの存在意義が確認された上で、どのような「理解」や「実装」が必要なのか、組織のやるべきことを決めていくことになる。この「やるべきこと」とは何か。平たくいうと、組織が顧客に対して提供すべきサービス及びそのサービスを提供するために必要な業務が「やるべ

きこと」である。例えば、法務部門は他の組織が締結する契約書を審査するサービスを提供しており、その他にも一企業体として別の企業と契約を巻く際のルール類について整備を行っているとする。これは法務部門が組織として「やるべきこと」である。ピープルアナリティクスの組織も何らかの提供するサービスを持っているからこそ、組織としてあり続けられる。闇雲に、何でもかんでも業務として抱え込むのではなく、自分たちの組織がやるべきことを、前節の存在意義にもたれながら具体化することで、より戦略的に組織運営をすることが可能になる。

図表6-1はピープルアナリティクスがやるべきことについて、主にデータ活用に関わるサービスの流れをイメージしながら図示したものである。こうしてみると、分析や活用だけではなく、その前段においても様々にやるべきことが想定される。左から順にやるべきことのイメージを確認していこう。

まず、推進の前提となるルール整備がある。企業に存在する人材と組織に関するデータは、担当者のほしいままに活用できるわけではない。厳格に取り扱われるべき、個人情報、機密情報という認識をまず持つ必要がある。既に紹介した通り、一般社団法人ピープルアナリティクス＆HRテクノロジー協会は『人事データ利活用原則』を策定し、データの利活用において法的あるいは倫理的に配意すべき点を明確化した。例えば、本人に明示したデータの利用目的を越えたデータの利活用の制限や、「予測」や「処方」の場面でAIを使う際の留意点等、遵守されたい観

図表6-1 ◆ ピープルアナリティクスの業務範囲

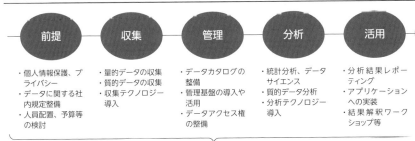

これらの業務に対応できる人材の育成

点が幾つかある。ピープルアナリティクス担当はまずこの前提を点検し、必要に応じて社内規程の見直しや社員の個人情報利用目的の同意、その他社内ルールの再検討等、法務や情報セキュリティ部門とも連携しながら然るべき在り方へと整備を進める必要がある。そうした前提なく、ピープルアナリティクスの取り組みは進められないため、まずもって優先的に検討されたい「やるべきこと」である。

　その前提があったうえで、ピープルアナリティクスの担当者は、量的・質的データを集めることに注力するだろう。その際、無鉄砲にデータを集めるのではなく、まず自分たちがどのような人材と組織に関わるデータを保持しており、使える状態にあるのかを整理するところから始めても良い。図表6-2はその整理のイメージである。これは簡易的な例だが、より詳細なものになってくると「データカタログ」と呼ばれることもある[2]。自分たちが使えるデータとそれがどこにあり、どのような粒度なのかを明らかにしたうえで、足りないデータがあれば収集しながら、その活用を行っていくことになる。

　人材と組織に関するデータが整理され、集められるようになってきたら、そのデータを管理することも必要になってくる。データもまたそれを管理しながら、いつでも活用できる状態にしておくことが求められる。既に、人事情報基幹システムやタレントマネジメントシステムを導入しているのであれば、そこにデータを蓄積していくことも考えられる。一方で別のデータ管理基盤を構築し、そこにデータを蓄積することで、データを活用しやすい状態を構築することも、ピープルアナリティクス担当の仕事に含まれる可能性がある。『教科書』ではそのような管理基盤を「データレイク」と呼んでいる。「データレイク」とは『AWSではじめ

---

[2]　『クラウドでデータ活用！データ基盤の設計パターン』では、データ基盤において、データの量が増え、活用が進んでくるとどこにデータが在るか分からなくなるため、データカタログを整備することでデータへのアクセス効率が高くなり、活用の後押しや負担軽減に繋がることを指摘する（川上ほか2020）。データカタログは、主にクラウドサービス等を利用したデータ基盤の運用上、重視されることが多いが、データ基盤に関わらず自組織に存在する量的・質的データを活用、ガバナンスする上でも役立つ。

図表 6-2 ◆ 簡易的なデータカタログのイメージ

領域	データセット	管理先	連携先
採用	応募状況	採用管理システム	なし
…	内定通知	採用管理システム	オンボーディング
…	…	…	…
退職	退職発令	基幹システム	タレマネシステム
…	…	…	…

データセット	項目	型	量
退職発令	在職有無	文字列	2005 年〜
	退職日	日付	2005 年〜
	退職時所属	文字列	2008 年〜
	退職時給与	数値	2010 年〜
	…	…	…

るデータレイク』の言葉を借りると、様々な「生データ」を一元的に保存する場所のようなイメージである（上原ほか 2020）。多種多様なシステムやその他のデータが散在する中で、それぞれのデータを一つの場所で集めてくる「湖」を、クラウド上で構築することがある。一方、それだけでは生のデータをとりあえず保管しているだけであり、分析する上では毎度利用しやすいよう加工が必要になってくる。それであれば、事前に加工されたデータが保存される場所があると便利である。そのような場所を「データウェアハウス」と呼ぶ。ピープルアナリティクスの実務でも、この「データウェアハウス」を構築する業務を担うこともある。

　図表 6-3 はそのイメージである。既存のシステムからデータウェアハウスに流し込むまでに、抽出（Extract）、変形（Transform）、取り込み（Load）といった一連の処理の仕組みを構築する（上原ほか 2020）。ポイントとして、既存のシステムに蓄積されたデータはあくまで人事関連業務を遂行するためのデータであり、分析には使いづらい場合もある。そうした場合には、図表 6-3 のようなデータの処理と蓄積を行う基盤を構築し、ピープルアナリティクスの実行速度を高めていくこともある。

　上記の通り準備ができて、初めてデータの分析や活用が可能になって

図表 6-3 ◆ ピープルアナリティクスにおけるデータウェアハウスのイメージ

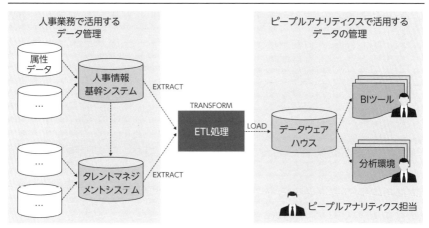

※ピープルアナリティクス＆HR テクノロジー協会（2020: 58）図表 3-1 及び上原ほか（2020: 14）を参考に、筆者にて作成

くる。第 1 章で述べた通り、人材と組織の「理解」のために実行する分析もあれば、「実装」に用いるアルゴリズムの開発やその運用の試行が開始できる。ここまでのサービスの考え方を応用し、自分たちが提供すべきデータ分析や活用サービスのラインナップを決めておけると良い。決める際には、自分たちの顧客になり得る、人材と組織に関わる他の担当者や人材と組織に直接話を聴き、どのような価値提供のニーズがあるのかを見定めておくことも有効だろう。また、自分たちが必要だと考えた「理解」や「実装」のアプローチをサービスのラインナップとして持ちながら、自分たち起点で企画や提案していくことも、想定される。

　最後に「活用」である。分析された結果は、何らかの形で関係者に報告されなければ意味がない。となると、レポーティングという体裁でのサービス提供を行うこととなる。さらに予測モデルの開発を主テーマとして据えるのであれば、そのモデルをアプリケーションに「実装」するまでをピープルアナリティクス担当がリードする必要があるだろう。分析して終わりではなく、関係者のもとにデータから得られる示唆や価値をどのように届けるのか、この点についても組織運営上、具体化できていると良いだろう。併せて、細かな点だが、他組織に結果をレポーティ

ングする際の報告書フォーマットの用意や、予測や処方モデルの開発環境の整備等もこの流れで検討されたい。

　ここまでがデータ活用の流れに沿って整理したピープルアナリティクス組織の「やるべきこと」である。さらに追加で、同じ組織内でデータ活用ができる人材を育てていかないといけない場合もある。その場合は、データに特化した人材を計画的に育成し、データの収集と分析やそれに関連する業務が実行できる仲間を増やしていくことも、業務に含まれ得る。いずれにしても、ピープルアナリティクスにおける「分析」は、そのサービスを提供するために必要なタスクの中では、一工程に過ぎず、自分たちの存在意義を踏まえて、過剰にならない範囲でやるべきことを検討する必要がある。

6-2-3　組織の立ち位置を決める

　自分たちのやるべきことが決まってくると、次に組織の「立ち位置」を検討することになる。組織の「立ち位置」とは何か。これは、企業において他にも様々な役割の組織がある中で、ピープルアナリティクス組織が他の組織にどのように関わるのかを表す。この関わり方には幾つか類型がある。

　図表6-4は、デロイトトーマツが提示した、金融機関におけるデータ分析の組織形態に関するモデル図を参考に立ち位置の類型を整理したものである。中央集権型・ハイブリット型・連邦型といった、データ分析を実行する上での組織の在り様について整理がなされており、ピープルアナリティクスの組織を検討する上でも参考になる。もし中央集権型にする場合には、ピープルアナリティクス専門組織があり、他の組織からデータ収集や管理、分析等のサービス提供依頼を受けることとなる。サービスの提供先が多い場合や高度な分析の実施の予定がある場合には、人材のリソースやナレッジの一元集約という観点でもこちらの方が良いだろう。連邦型になると、ピープルアナリティクスの専門組織という形ではなく、各組織の中にピープルアナリティクスが実践できる人材を配置し、各組織の中でピープルアナリティクスが実践されていくことになる。

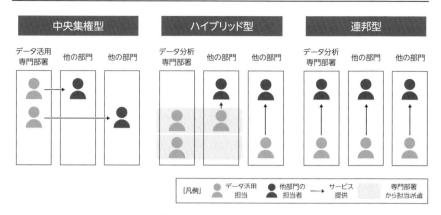

※デロイトトーマツコンサルティング合同会社（2016）を参考に、筆者にて作成

　特定の組織においてのみ、データ活用のニーズがある場合やスケールメリットがない場合には、連邦型を取るケースが多い。その中間として、ハイブリッド型という形もあり、専門部署を置きつつも、各組織にもピープルアナリティクスができる人材を配置しながら取り組みを拡大することもある。要するに、他の組織に対する立ち位置ごと、関わり方について幾つかのモデルを提示するのが、この類型である。

　この類型に優劣はなく、自社で必要なピープルアナリティクスのサービスに応じて、組織の立ち位置を決める必要がある。例えば、特定の組織に対して、簡易なデータの可視化を行うというレベル感であれば、専門部署を立ち上げるよりも、連邦型で各組織に分析できる人を配置、育成する方が効果的であろう。無理に専門部署を立ち上げなくても、必要に応じて外部のリソースやナレッジを借りながら、ピープルアナリティクスを推進できる。一方でサービスの提供を求める組織が多く、高度な分析モデルの構築への期待があるのであれば、中央集権型として専門部署を設置し、そこから一元的にデータの可視化分析の結果の提供やモデルの研究開発が行われる方が効率的であろう。

　この組織の立ち位置を定めるにあたって重要な点は、一度決めた立ち位置がずっと続く前提ではなく、変化するものとして組織のロードマッ

プを検討することである。例えば、筆者が関わったとある企業の組織化においては、まずもって中央集権型でリソースとナレッジを専門部署に集約し、そこから徐々にハイブリッド型を目指すロードマップを策定した。まずは、ピープルアナリティクスの実践例として、幾つか可視化、要因分析、予測等の研究開発を専門部署で行い、別の組織にサービスとして提供する。そうすることで、サービス提供を受けた組織でも、「データを使ってこのようなことができるのであれば、もっとやりたい」という気持ちが芽生え始め、自組織内でもデータ活用を考えるようになる。そこで、それぞれの組織が自走できるよう専門部署はデータ活用ができる人材の育成サービスを提供することになり、徐々にハイブリッド型へと移行した。無論、成り行きもあるため、とにかくいずれかの組織の「立ち位置」で開始してみることも有効であるが、組織のロードマップがあることで、この後の論点でもある人材配置や育成も検討しやすくなる。

6-2-4 組織の人材配置を決める

やるべきことや組織の立ち位置が決まってくると実際に組織の中に配置する人材（メンバー）について検討することになる。組織のやるべきことにデータの可視化分析があるならば、可視化分析ができる専門家がいると心強い。予測や処方まで踏み込んで挑戦する場合には、データサイエンティストやエンジニアの配置も検討が必要である。また、組織の立ち位置が中央集権型やハイブリット型であれば、専門人材をピープルアナリティクス専門組織に配置することを検討する。連邦型であれば、既に各組織にいる人材を育成して、ピープルアナリティクスの担当に任命することもあるかもしれない。新たに人材を採用・異動するにしても、既に部門にいる人材を育成するにしても、どのような人材が必要で、その人材配置のための採用や育成へと繋げていくのかは、丁寧に検討していく必要があるだろう。

その指針になるのが、図表6-5のような、その組織で仕事をするために必要な能力やスキル、知識を表すマップである。自分たちのピープルアナリティクスを推進していくにあたって、どのようなサービスを提供

図表 6-5 ◆ ピープルアナリティクス組織の能力・スキル定義マップ

業務範囲	定義	レベル1	レベル2	レベル3
プロジェクトマネジメント	データ活用に関わるプロジェクトの要件定義、遂行ができる	データ活用に関わるプロジェクトの要件定義やスケジュールの作成、運用ができる	…	…
データ収集	量的・質的データの収集の手法に関する知識があり、その実行ができる	データカタログの作成、管理ができる、サーベイやインタビューの設計、実施ができる	…	…
データ管理	人事データを管理するシステム、基盤に関する知識、導入、運用ができる	人事データ管理に関わる社内システム全体の理解、整理ができる	…	…
データ分析	量的・質的データの分析手法に関する知識があり、その実行ができる	量的データの可視化分析ができる、質的データのカテゴリ分析ができる	…	…
データ活用	データ分析結果をもとに、関係者にアクションが提案できる、データ収集や分析の仕組みを施策運用等に実装できる	データを元にアクションの提案ができる、BIツールの活用の提案ができる	…	…
個人情報保護	個人情報保護法や人事データ利活用原則に基づく社内ルール整備ができる	人事データ利活用原則が理解できる、自社のデータ活用に関わる規程を整備できる	…	…
人材育成	上記のような業務を遂行できる人材育成パッケージの企画、実施ができる	上記レベル1程度の人事育成施策の企画、実施ができる	…	…

するのかが決まってくれば、自ずとそのサービスを提供するために必要な能力、スキル、知識が決まってくる。それらを持っている人材の配置や能力開発について、戦略を練っていくこととなる。

　図表6-5のマップは一例だが、ピープルアナリティクス組織のやるべきことに基づく業務範囲に応じて、その業務を遂行するためのスキルや知識が整理される。整理された項目には、レベルが想定される。初学者レベルに始まり、専門家レベルまで段階を表現し、どのような状態になっていればそのレベルに相当するかを表現する。それぞれのレベルに一致する資格等があるのであれば、要件に織り込んでも良いだろう。実際にプロジェクトを進めてみないと分からないこともあるため、まずはざっくり、必要な要素を表現しておくでも良い。

　これは、組織の人材の採用や配置を検討するときには、要件になる。自組織で提供しようとしているサービスについて、それを担うことがで

きる人材かどうかを判断する材料として使うことができる[3]。また、育成という観点でも、このマップを用いながらピープルアナリティクス組織のメンバーと対話し、育成計画として設計できる。ここも厳格になりすぎず、あなたのレベルはこのあたりだと思うから、こういうプロジェクトを実行するためにここまで高めていこう、といった会話をしながら活用できると良い[4]。そして実際のプロジェクト状況や人材との対話を通じて、内容に変更が必要であれば、都度スキルマップは修正しながら運用されたい。

　余談だが、必要な人材の能力、スキル、知識が決まれば、そのスキルに応じた作業環境を整備する必要がある。特に量的アプローチにおけるデータ分析業務については分析環境を用意しなければならない。注意されたいのはコンピューターのスペックである。会社支給のコンピューターでは、統計分析の演算処理に適さない可能性もあるため、担当者はハイスペックなコンピューターが必要かどうかを組織が取り扱うデータ量や分析内容に応じて検討されたい。

6-2-5　組織の取り組みの評価方法を決める

　最後に、組織として活動をするからには、自分たちのパフォーマンスを評価しながら、自分たちの活動の存続意義を証明し続けなければならない。この評価軸の置き方には幾つか考え方がある。図表6-6は、量的・質的という観点とアウトプットとプロセスという観点で、組織のパフォーマンスを評価する考え方を整理したものである。

　まず、量的な考え方として、純粋にピープルアナリティクスの取り組みを通じて生まれてきたアウトプットが、自社のビジネスにどの程度貢献したのかを、数値で表現することができる。例えば、ピープルアナリ

---

[3]　第1章では、ピープルアナリティクスの推進における苦悩と困難について、「人材の不足」を取り上げたが、その課題の一つとしてそもそも自組織に必要な人材要件が決まっていないことも挙げられよう。そのため、億劫でも一度担当者は自組織に必要な人材要件をスキル、知識といった観点で言語化されることをおすすめする。

[4]　本書の考え方に立脚すれば、「質的アプローチの専門家」という人材育成の方向性も当然に容認される。そうした時に、組織に迎え入れる人材要件の裾野も（量的アプローチに特化しなくても良くなったからこそ）少しは広がるかもしれない。

	アウトプット	プロセス
量的	労務費や採用コスト 業務効率化	内製化による効果
質的	施策立案 プロジェクト完遂	関係者からの いいね！

ティクスの技術を用いて人材の退職予兆をデータから察知し、事前に
フォローすることで、退職者がその技術の導入前よりも減っていると
いったケースを想定する。人材の流出をその導入によって削減できたこ
とは、その削減分、退職手続きにかかる社内コストや後任の採用コスト
が抑えられた、という解釈も可能であろう。もう一つのケースとしては、
新卒の配属マッチングを補助するピープルアナリティクスの取り組みが
あった際に、これまで人力で苦労してマッチングを考えていた社内の工
数を、データの活用によって削減することも可能かもしれない。その業
務効率化に一役買ったということも、成果として考えられる。

　また、自分たちの業務プロセスがどうだったのかを評価する量的な考
え方として、「本当は外部に委託するとこれくらい費用がかかるのだが、
社内で取り組むことによって、これだけ得をした」という内製化による
効果の観点がある。ピープルアナリティクス専門組織の競合でもあり、
協働先として想定されるのは、おそらく社外にあるデータ活用が得意な
企業や委託先である。予測モデルを構築するプロジェクトがあった際に、
外部に発注するとこれくらい、という相場があったとして、社内の人件
費等をもとに、自社の方が効率的であったことが証明できると、自社内
にピープルアナリティクスの「組織」があることが正当化できる。ただ
し、この評価軸を持つ場合、おおよその組織内でかかった工数と、外部

に発注する際の相場感が必要であるため、そうした情報が収集できることが前提になる。なお、この考え方は、外部の企業に分析業務を委託することを否定しない。河本も『最強のデータ分析組織』の中で、組織の人手不足を背景として、外部に任せた方が効率的である場合や、外部に任せやすい場合には委託を活用することを提案している（河本 2017）。組織の中で、実施するプロジェクトが多くなってくると、図表6-7のように成果という軸と内製化という軸をとって各プロジェクトの効果性をマッピングしてもみても良い。例えば左下のようなプロジェクトは外部委託によって手を借りることを検討しても良いだろう。左上のようなプロジェクトも、外部の専門家によって内製で行うよりも効果が期待できるのであれば、委託という選択肢もある。

　ここまで、量的な成果指標の置き方を検討してきたが、質的な考え方もある。一つが、アウトプットを通じて、状態目標を達成したかどうかである。例えば、ピープルアナリティクスの取り組みを通じて、社員のエンゲイジメント向上のために解決しないといけない課題が特定されたとする。その課題を経営会議や他方面に報告し、向上のための全社施策

図表6-7 ◆ 各プロジェクトの評価イメージ

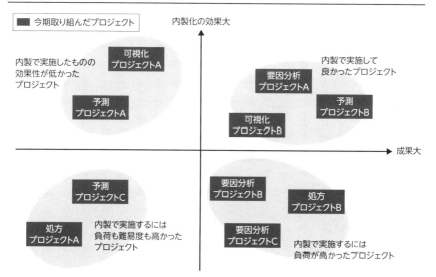

の立案に繋がった場合、それは量的な成果指標に還元しづらい。むしろ
その「向上要因を特定した」「その特定した結果を経営や現場に説明し、
施策立案に繋がった」という状態を達成したことになり、これはこれで
非常に意義があるといえる。このような、何らかの示唆を発見し、企業
内にデータに基づくアクションもたらしたという質的な達成状態を成果
に据えることも可能である[5]。

　もうひとつ、自分たちの業務プロセスを評価する質的な観点として、自分
たちがサービス提供した顧客こと、他の組織の担当者からの「いいね！」
も得られていると良い。例えば、社員のキャリア自律を促すために何をす
べきか、というレポーティング業務を終えたとして、一緒に業務を進めてき
た関係者がその業務の進め方や結果をどう受け止めたのかについて、ヒア
リングするイメージである。もちろん、これはサーベイで量的に聴取して
も良いだろう。この「いいね！」は社内コンサルタントとしての自分たちの
サービス品質を測定し、自分たちの必要性を確認、保証する情報となり得る。

　上記に収まらない活動の評価方法も当然ある。例えば、ピープルアナリ
ティクスの取り組みとして BI ツールを他の組織に大々的に展開した場合、
その BI ツールのユーザーの活用状況等も指標の候補となる。また、本格的
に取り組みを始動し、社会への還元といったスコープでこの推進を行って
いくのであれば、取得特許の数や論文の数等も組織の成果指標に置いても
良い。何よりも大事な点は、繰り返しにはなるが、量的であれ、質的であれ
何らかの「成果」を自社にもたらすことが一組織として期待されており、
それを常に具体化しながら、取り組みが行われることが望ましい。そうし
た成果の証拠こそが、組織の存続においては生命線になるため、担当者は
この点も十分に思考されながら、推進されたい。

---

[5]　本章でも既に何度も参照している『最強のデータ分析組織』では、データ分析部門が他の組織から
分析を受託する場合、プロジェクトの目標設定は量的な目標というよりも、質的な目標にならざるを得
ないことが指摘された。ここでいう量的な目標は予測精度等の目標を意味し、質的な目標とは「業務
改革を実現する」といった目標の置き方である。「社内コンサルタント」として他の組織に関わるから
こそ、より広い裁量と責任が求められる質的な目標設定が適しているという考え方もある（河本
2017）。

6-3 組織の成長のために

　自社におけるピープルアナリティクスの必要性も丁寧に確認し、組織としてやるべきこともしっかりと決め、組織体制もじっくり考えた。さらにその実現のために優秀な人材を配置し、チャレンジングな成果指標も決め、組織として走り出したとする。しかしながら、組織が走り出した後には、以下のような課題に直面することもある。

・せっかく組織を立ち上げたのに、徐々に他の組織からの仕事の依頼やできることがなくなっていく
・組織のトップが変わった途端に、ピープルアナリティクスの組織が組織再編の対象になる
・ピープルアナリティクスの組織にデータ分析ができる人材が定着せず、辞めていってしまう

　ピープルアナリティクスは、その必要性こそ社内で共通認識になっていたとしても、企業の状況の変化によって、常にその存在意義が問われ続けているといっても過言ではない。人材と組織に関する「データ」の重要性は、誰から見ても否定されるものではないが、その価値を認め、普及し続けることにはそれ相応の覚悟と論理が必要である。

　その推進のために、今後の組織の成長戦略を描いておくことも重要である。何をすれば組織のサービス、顧客を維持、拡大できるのか。それを検討する上でも、下記の論点は役に立つ。

1. 組織の存在意義を決める
2. 組織のやるべきことを決める
3. 組織の立ち位置を決める
4. 組織の人材配置を決める

5．組織の取り組みの評価方法を決める

　組織のパフォーマンスが評価されると、その後には組織の存在意義に立ち戻り、自分たちが何者で何をやるべきなのかについて、再考できるだろう。再考の中では、改めて組織の立ち位置を修正することもあり得る。例えば、中央集権型ではなく連邦型を目指すといった方針転換のイメージである。組織のサービスラインナップが変われば、人材配置も当然変わってくる。そして、評価方法も時勢に応じて見直され、同じように存在意義に立ち戻る。この論点の検討は、組織運営のために永続的に続いていくことが想定される。

　ここまで、組織を存続させるための戦略として、ピープルアナリティクス担当者が検討されたい論点を幾つか提示してきた。ではその論点に忠実に組織としての業務を全うするだけで、組織運営がうまくいくのかでいうとそうではない。組織戦略にもたれながらも、ピープルアナリティクスの担当者、特に組織の責任者については組織内外の「関係づくり」の観点も大事にされたい。

　図表6-8は組織の関係者との間で、関係づくりのパターンを図示したものである。

図表 6-8 ◆ 関係づくりのパターン

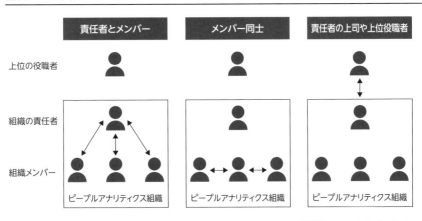

まず考えられるのは、組織の責任者とメンバーの関係性である。これは、上司と部下の関係になることもある。特にその関係づくりに資する取り組みとして、自分たちの組織の存在意義を全員で確認することが挙げられる。サービス提供をする中で、顧客にサービスが届かなくなっているといった違和感や苦労等は、責任者はもとより、周囲のメンバーでも同じ実感を持つことが重要である。著者が関わっていた組織では、少なくとも半年に1回は、組織メンバー全員で集まって自分たちが今、企業（あるいは社会）にもたらしている価値は何か、その進化のために何を成すべきなのか、あるいは今後の組織に在り方について、全員で考えて言葉にする場を定期的に設けていた。こうした取り組みは、組織マネジメントの観点だと当たり前かもしれないが、ピープルアナリティクスの組織運営においては、一層重要であることを強調しておきたい。

　また、メンバー間の関係づくりにも配意したい。というのも、ピープルアナリティクスに従事していると、前述の通り、自分たちの仕事の意義について戸惑いが生じることもある。それを個々のメンバーが抱えたままにするのではなく、タイムリーに相互共有し、払拭していくことが重要である。またそれぞれが専門性をもって、異なるプロジェクトに入り込んでいる場合には、組織内で業務の属人化、サイロ化が起きやすい。だからこそ意図的にメンバー間の関係性を繋ぎとめるコミュケーションの仕組みが有効である場面もある。著者が在籍していたピープルアナリティクス組織では、一定の頻度でメンバー同士が「1on1」を行う仕組みを導入していた。上司と部下ではなく、メンバー同士で話す場である。話す話題に縛りはない。日々の業務で感じている不安や悩みをただお互いに共有したり、時に業務に関する相談事を持ち込んでそれぞれの専門性や関心に応じたアドバイス行ったりする。これによって、相互に指針を示しながら、取り組みを進めていくことができる。組織内のサイロ化が進み始めた際の、時間とコミュニケーションの確保のためのアイデアとして、活用されたい。

　最後に、自分たちの存在意義を証明し続けるためにも、他の組織や組織の上層との関係づくりも重要である。特に組織の上位役職者に対して、

一定の頻度で自分たちのプロジェクトの進捗や成果を報告することも意識されたい。組織としてその存在意義が安定するまでは、可能な限り定期的に、特に上位役職者へアピールする場を持ちながら組織運営を進められると良い。研究会に参加されていた企業の事例の中には、ピープルアナリティクス担当者が上位役職者に組織の取り組み状況を報告し、今後の行く末、在り方を議論するような場を定期的に持っている例もあった。これにより、組織の存在意義が不安定な中でも、組織の上位役職者と一緒にその必要性ややるべきことについて議論しながら推進を行うことで、その後の組織運営が安定することも期待される。

「役立つ」ことの両義性

　本章では、ピープルアナリティクスを組織的に推進していく上で何を検討すべきなのか、順を追って確認してきた。ビジネスとしてピープルアナリティクスを実践するために、あるいは組織として生存するための考え方を提示してきた。

　第1章ではピープルアナリティクスは人材と組織のために「役立つ」取り組みであることも強調した。このビジネスのために「役立つ」ことと、人材と組織のために「役立つ」ためは、同じようで実は異なる考え方である。本章の締めくくりとして、このビジネスに資することと人材と組織のために「役立つ」ことの違いを明らかにし、この取り組みを推進していくにあたって大事にされたい観点を言語化してみたい。ここからの話は、ピープルアナリティクスの組織化の話を越えた、スタンスの話である。当然、スタンスなので各々違って良いと思うものの、著者がピープルアナリティクスを推進していく上で大事にしている観点として紹介し、結語としたい。

　まず、人材と組織のために「役立つ」ことについて、改めてそのニュアンスを確認しておこう。本書ではピープルアナリティクスを「理解」と「実装」のアプローチの二つの観点に整理し、改めて「理解」のアプローチが重要であることを再定義してきた。この「理解」について、『質的社会調査の方法』では「他者を軽々しく理解しようとするのは、暴力」だが、「私たちは私たちの隣にいる『他者』の人びとを、なんとか理解しようとする営みをあきらめてしまってはいけ」ないと述べられている（岸ほか 2016: 32）。なぜか。それは、同書のいう「理解」が、他者の中にあるその人なり合理性を理解しようとすることに他ならないからであり、その合理性を理解することで、他者の立場に立って物事を考えられるようになるからである。そうした時に、他の人から見て不合理な他者の行為や人生があった場合でも、過剰に他者に自己責任を追及するよう

なことは回避できるかもしれない（岸ほか 2016: 33-34）からでもある。つまり「理解」をして「役立つ」とは、相手の合理性を理解することで相手に対する見方を変える点に見いだされる。人材と組織が固有に持っている合理性を「理解」し、その実態に寄り添いながら、「なぜあの人材と組織は成果が出ないのか、変われないのか」といった過剰な自己責任論や諦観を回避しようとする取り組みであるともいえる。

　一方で、ビジネスとして「役立つ」ことを前提に、人材と組織の「理解」に努める場合は少しニュアンスが異なってくる。人材と組織の生産性を高めたい、エンゲイジメントを高めたい、社員に自律的なキャリアを築いてほしい、長く会社で働いてもらいたい、といった経営者や人事、あるいは管理職としての欲求は、ビジネス上の利益や損失に関わるため、ピープルアナリティクスが取り組む「理解」は、実態把握や効果測定としての側面が強調される。その過程で特定の（少数の）人材と組織の合理性や事情に寄り添うかどうかは、必要条件ではない。ビジネスとしてのピープルアナリティクスに求められることは、あくまでエンゲイジメント向上ための課題や要因を分析し、施策検討のための情報を報告することであり、個別事情は時に見過ごされることもあるだろう。ビジネスの文脈では、人材と組織の事情に寄り添うこととは違うニュアンスで、目的遂行のために「理解」に徹する期待があり、その次元で成果を出すこともまた、ピープルアナリティクスの推進を長く続けていくためには重要である。

　ここまで「役立つ」こと、そして特に「理解」の両義性を確認してきたが、両者の考え方に優劣は全くない。どちらも重要で、忘れてはいけない観点である。一方で、ピープルアナリティクスを推進すればするほど、自分たちはどちらのスタンスでデータを活用すべきなのかについて、逡巡することになるだろう。建前上では、人材と組織のためだと言いながら、結局は経営者や人事のやりたいことが優先される。様々なデータを見ていると、全体傾向としては、確かに問題は見当たらないのだが、個別の事情により、ごく一部に深刻な問題を抱えている人材と組織が確かにいる。その人材や組織は、あくまで独自の合理性や個別の事情を抱えるがゆえに、全社・全体的な取り組みからは取り残されていく。そう

いった人材や組織があることに、ピープルアナリティクスの担当者はおそらくデータを見ていれば気付くわけだが、特にそういった事情を取り上げなくても、自分たちの業務は回っていくことにも気付く。

　本書の結論としては、ありきたりかもしれないが、どちらか一方のスタンスに傾倒することなく、両者の観点を大事にしながらピープルアナリティクスを推進すべきだと考えている。ピープルアナリティクスの組織化を突き詰めて考えていくと、恐らくビジネス上の成果について思いを巡らせることが多いかもしれない。しかしながら、その分析の過程で見つかった人材と組織の個別具体的な合理性や事情に「も」寄り添うことができる。ピープルアナリティクスの担当者がその事情を掬い上げない限りは、その声は存在しなかったことと同義であり、強くいえば、「黙殺」されたことになる。せっかく声を上げたのに黙殺されたことは、人材と組織の当事者からするとピープルアナリティクス組織にデータを提供しても何も生まれないことを実感させ、これも強くいえば、「絶望」を生むかもしれない。最悪の場合、その深刻な状態が放置されることでその問題の当事者の人生を変えてしまう可能性すらもある。そのようなストーリーが少なからず想定される中で、「理解」のプロフェッショナルとして、私たちがその声を拾わずして誰が拾うのか。

　では、具体的にどのように二つの観点を両立できるのか。例えば、全体傾向に関する報告を行いながらも、そうした全体傾向から「外れ値」的に存在している深刻な層がいることを報告の中に補足事項として含めることもできるかもしれない。また、人材と組織に関するデータを確認する中で、深刻な個別問題やその予兆に関する情報を得ることもある。そうした場面では、その情報をもって個別問題を対処する担当部門に相談するような動き方ができるかもしれない。そして必要に応じて、自分たちがその実態把握に動く、あるいは周囲を巻き込んで動かしていくことで、自分たちのやるべきことを全うしながらも、人材と組織の個別事情にも寄り添う、そんなピープルアナリティクスの推進の在り方ができるのではないか。このスタンスを取ることで、誰も拾わないであろう問題を拾うことになるかもしれないが、それでも人材と組織の「理解」の

プロフェッショナルとして、人材と組織の全てに可能な限り向き合い続けることこそが、ピープルアナリティクスの挑戦であると信じてやまない。この「理解」の両義性をいかに両立するか、といった点についてもぜひ読者の皆様とも一緒に試行錯誤を続けていきたいポイントである。

　人事のあるべき姿として「科学的人事」が標榜されることがある。ここでいう「科学的」とは、「人事部門は、デジタルなデータをどんどん集めて、システムに蓄積することが重要で、そのデータを戦略的に活用していくことが大事である」といったニュアンスで語られることが多いように思う。つまり、これまでのピープルアナリティクスの語られ方と非常に似ており、基本的には、量的データの活用＝科学的という定義になっていると考えられる。

　このコラムでは、別の観点から改めて「科学的人事」の在り方を捉えてみたい。議論のポイントは、何をもって「科学的」とするか、である。これについて『社会科学のリサーチデザイン』では、主に研究活動において「科学的」であることを、以下の四つの特徴で表現している（King et al. 1994=2004）。

・その目的が記述的推論、因果的推論である
・データ作成や分析の手続きが公開されている
・その結論は不確実である
・科学とは方法である

　上記の四つの特徴を要約するならば、「科学的」であることは、単に思い思いに事例やデータを集めて終わりではなく、そこから事象について

の推論を行うことが重要であり、その推論に至るまでのデータや分析方法は、可能な限り広く公開されている必要がある。推論は当てずっぽうでも断定的でも良くない。現実の世界は複雑で多様であり、その推論もまた不確実性を認めながら行われるものである。その「行われる」方法こそが「科学」であり、特定のテーマに限った活動を指して「科学」となるわけではない。自然科学だけが科学ではなく、人間の行動や社会現象を含む、あらゆるテーマが「科学」の対象になるわけである。

　この「科学的」な考え方の重要な点として、データが量的か質的かといった観点は一切関係がない。方法として、現実世界に関する何らかの推論を、その推論のためのデータや分析方法について一定の説明責任を果たしながら実施するのであれば、データの性質に関わらず「科学的」であるといえる。現に社会科学の分野では、量的データに限らず、質的データの分析も多く実施されていることは、既に第1章で確認した通りである。

　もともと、人事において「科学的」アプローチが標榜されていたのは、人事が人材や組織について重要な判断を下す上で、属人的（三村ほか2019）になってしまい、勘と経験と度胸（労働行政研究所編 2018）しか依り代がなかったからである。そして、そのままだと、人材と組織に関する重要な判断が当てずっぽうになり、判断の理由について説明責任を果たせなくなる。つまり、「科学的人事」とは量的データの収集や蓄積、そのためのテクノロジーの活用といった次元の話ではなく、人材と組織の不確実性を少しでも紐解くために、公正な量的・質的データと分析方法に基づく推論を行うこととして再解釈される。本書の提案するピープルアナリティクスも、この土俵で「科学的」であろうとする取り組みの一つといえる。

　このように「科学的」という語用が改められた時に、「科学的人事」を目指す組織において、実務上の変化があるかもしれない。まず、求人内容が大きく変わってくる可能性がある。第1章で紹介したように、「実装」ではなく「理解」のモードで取り組みを興していくのであれば、まずそ

の組織に必要なのはデータサイエンスに長けた人材ではなく、インタビューや観察のプロフェッショナルの可能性もある。そうした人材は、社外に求人として公開する前に、実は社内に既にいるかもしれない。また、取り組みの入り口を質的データの収集や分析に据えて、その人材に量的データの活用のトレーニングを行うことで、取り組み範囲を拡大していくことも考えられる。そうすると、量的・質的いずれの観点でも良いので、「科学的」に人材と組織について推論を組み立てられるかどうかが人材要件になるだろう。そして、自分たちの「科学的」を上記の通り定義してみると、その担当や組織に集まってくる情報の量・質もまた変わってくるかもしれない。これまで量に還元できる情報しか集まらなかったところに、量に還元しにくいが推論に使える質的な情報「も」集まってくることが期待される。それらは将来的に量的データに転換される可能性を秘めており、量的な観点からも悪い話ではないだろう。

　昨今の DX や人材への投資に関する議論に絡めて、私たちの実務におけるデータの重要性は一層高まっている。この「データ」は依然として、テクノロジーをもって収集、管理される「量的データ」のニュアンスであることが多く、その対価として私たちの勘と経験と度胸は否定されがちでもある。その論調自体は何ら否定されるものではないものの、過度に量的データやテクノロジーの活用を重視するあまり、自ら人材と組織の「理解」の機会を損失することだけは避けられたい。数値では表現されないが、自分たちが人材と組織の現場で聴いたこと・見たこと・感じたことは、決してピープルアナリティクス上で否定、無視されるものではなく、「科学」の力を借りることで立派に推論に役立てられる。特に組織内でピープルアナリティクスが推奨されることで、数値以外の論拠を許さないような雰囲気になってしまうことだけはないようにしたい。そのような思いを込めて、本書で紹介してきた考え方やアイデアが少しでも"役立つ"ようであれば、幸いである。

参考文献

デロイトトーマツコンサルティング合同会社，2016，「金融機関におけるデータを活用した意思決定の高度化：第3回 解決策（2）：データ分析の態勢整備」デロイトトーマツコンサルティング合同会社ホームページ（2022年12月24日取得，https://www2.deloitte.com/jp/ja/pages/financial-services/articles/bk/data-utilization3.html）

King Gary, Robert O. Keohane, Sidney Verba, 1994, *Designing Social Inquiry: Scientific Inference in Qualitative Research*, Princeton: Princeton University Press.（真渕勝 監訳，2004，『社会科学のリサーチデザイン：定性的研究における科学的推論』勁草書房.）

一般社団法人ピープルアナリティクス & HR テクノロジー協会著，北崎茂編，2020，『ピープルアナリティクスの教科書：組織・人事データの実践的活用法』日本能率協会マネジメントセンター.

一般社団法人ピープルアナリティクス & HR テクノロジー協会，2022，「人事データ利活用原則」（2022年12月24日取得，https://peopleanalytics.or.jp/media/HRDataUtilization Principles.pdf）

川上明久・小泉篤史・大嶋和幸・石川大希・堀義洋・角林則和，2020，『クラウドでデータ活用！ データ基盤の設計パターン』日経 BP.

河本薫，2017，『最強のデータ分析組織：なぜ大阪ガスは成功したのか』日経 BP.

岸政彦・石岡丈昇・丸山里美，2016，『質的社会調査の方法：他者の合理性の理解社会学』有斐閣.

三室克哉・鈴村賢治・中居隆，2019，『「科学的」人事の衝撃：HR テックで実現するマーケティング思考の人事戦略』東洋経済新報社.

労務行政研究所編，2018，『HR テクノロジーで人事が変わる：AI 時代における人事のデータ分析・活用と法的リスク』労務行政.

上原 誠・志村 誠・下佐粉 昭・関山 宜孝，2020，『AWS ではじめるデータレイク：クラウドによる統合型データリポジトリ構築入門』テッキーメディア.

おわりに

　おわりに、本書で伝えてきた内容を振り返っておこう。私たちは、ピープルアナリティクスを今まで以上に「役立つ」取り組みに押し上げるために、その再定義を試みてきた。この取り組みを、人材と組織の「理解」の側面と、人材と組織についてデータという観点から価値を提供する「実装」の側面の二つに整理し、本書では主に「理解」のための方法＝道具を紹介してきた。その際、データの考え方を、数値で表現される「量的」なものと、数値以外で表現される「質的」なものに峻別し、今後のピープルアナリティクスにおいては、「質的」なものも積極的に取り入れられる、という提案を行ってきた。量的データの収集について、「サーベイ」を中心にポイントをおさえてきた。サーベイをどのように実施するか、分析できるのかについて、手軽に使うことができるツールの紹介を交えながら、確認してきた。質的データの収集については、「インタビュー」と「観察調査」を中心に、その実施方法やコツを紹介した。そして、量的・質的データの両方を縦横無尽に組み合わせることで、人材と組織をこれまで以上に「理解」する可能性を追求してきた。最後に、そうした取り組みを組織的に推進するための考え方や論点についても整理を行い、ピープルアナリティクスがビジネスとして「役立ち続ける」取り組みになることを目指してきた。本書を通じて、私たちは人材と組織を理解するための主要な方法＝道具と、その道具が収まる「道具箱」としてのピープルアナリティクスについて整理を行ってきたともいえる。この「道具箱」を人材と組織に関わる実務において常に手元に置きながら、誰もが自在に活用している世界を願ってやまない。

　本書で語りきれなかった部分も幾つかある。一つは、上述の通り、ピープルアナリティクスにおける人材と組織の「理解」のための方法を中心に取り上げてきたため、「実装」については多くは触れられていない。まずもって「理解」を行うことが重要であるとして、本書では、意図をもって優先的に「理解」を取り上げてきた。「実装」は、本書が出版された時点では、未だ世の中に事例も多くなく、考え方やアイデアもまだ

まだ発展途上の領域であるため、今後の論点としておさえておきたい。いつか機会があれば、この「実装」についても実践の方法を紹介できればと思う。

　そしてその「理解」の方法の中でも、特に「サーベイ」「インタビュー」「観察調査」といった、比較的実務においてよく使われる、あるいは使いやすい方法にフォーカスしてそのポイントを紹介してきた。無論、上記のような道具以外にも様々な道具が想定され、ピープルアナリティクスのテクニックとして、その道具箱に収めることは可能である。例えば、人材のアクティビティ（行動）をログデータとして収集する方法は昨今非常に注目されている取り組みであるが、丁寧に紹介できていない。また質的データの収集や分析についても、実験法やケーススタディ等、様々な人材と組織の「理解」のために役立つ方法について付言できていない。本書で提示した「サーベイ」や「インタビュー」「観察調査」はあくまで人材と組織の「理解」のための入口に過ぎないため、ぜひ本書をきっかけに他の方法にも目を向け、チャレンジいただければ幸いである。更には、昨今の分析技術の発展は目覚ましいものがあり、量的・質的データの境界も良い意味で曖昧になってきている。例えば主たる質的データである言葉の情報は、自然言語処理の知見を活用することで、量的データとして分析できるようになっている。画像や動画も、量的データに変換できるようになってきており、その活用についても議論の余地がある。そうした最新の動向については、本書では多くは言及できていない。それは本書がピープルアナリティクスの実践のための考え方の土台を整備することを目的としていたからであるが、読者の皆様の企業でこの取り組みが進んできた暁には、ぜひそういった技術の活用も積極的に検討されたい。

　さて、本書ではところどころで、ピープルアナリティクスを推進する上での苦悩も取り上げてきた。担当者は、自由気ままにデータ分析を行っていれば良いわけではなく、ビジネスとして成果を出すことを要求されており、それなりのプレッシャーの中でこの取り組みを推進することになる。また、担当者と分析対象である人材と組織とは非常に近い位置に

あり、その距離感に応じた工夫や配慮も必要である。そして、そうしたプレッシャーと距離感の狭間で、企業にとって「役立つ」ことと特定の人材や組織にとって「役立つ」ことの両立の難しさに、担当者は逡巡するかもしれない。「社員のため」と公言しておきながら、特定の個人や組織の悲痛な声を無視し、企業に「役立つ」ことばかりに集中する矛盾や罪悪感に気付く場面もあるかもしれない。この意味で、ピープルアナリティクスは、個々の「理解」ための方法論の追求という観点はもちろん、この取り組み自体が、どのようにして「真の意味で人材と組織のための方法論となり得るのか」といった点は、まだまだ議論が必要である。

　一縷の望みもある。第2章で取り上げたように、私たちは、データを収集しながらにして、人材や組織に寄り添うことができるかもしれない。その寄り添い方のテクニックは、正確なデータを集めるための方法とはまた異なる次元で、色々と知恵を絞る必要があるだろう。また、第6章で付言した通り、ピープルアナリティクスの取り組みは、ビジネスとして求められる成果も出しながら、その過程で気づいた特定の人材と組織の悲痛な叫びにも寄り添う、そのような両立も、未だできないと決まったわけではない。その実現のためには、他の組織との密な連携体制の構築、そのための組織としての信用獲得等の様々な論点が考えられるだろう。この点も本書ではほとんど語りきれなかったし、まだまだ知見も多くはない。ぜひ今後ピープルアナリティクスに関わる読者の皆様とも一緒に試行錯誤できれば幸いである。

　ピープルアナリティクスを企業にも、人材と組織にとっても、（より広くは社会のためにも）真の意味で「役立つ」、そして「役立ち続ける」取り組みにするために、まだまだ検討しなければならない宿題は山ほどある。本書での提案をきっかけに、一層この取り組みに関する議論と試行錯誤が行われ、多くの失敗と成功が生まれることに期待をして、本書の結語としたい。

付　録

様々なサーベイの回答方法

　本書では量的データ収集の内、実務でよく活用する「サーベイ」に焦点を当てて、その利用方法について紹介をしてきた。さらにそのサーベイの中でも量的データとして分析されることも多い複数段階かつ一定の方向性をもつ単一回答形式の設問を中心に、その設計のポイントを説明した。

　しかしながら、サーベイには上記以外にもたくさんの回答方法があ

聴き方	聴き方のイメージ	特徴	留意点
二択の単一回答	あなたはこの会社が好きですか ○はい ○いいえ	・シンプルで回答負荷も小さい ・回答率を集計する分析が多い ・得られるデータは名義尺度	・情報量が少ない ・この設問が大量に続く場合は、複数回答設問にまとめる
複数択の単一回答	あなたはこの会社が好き ○あてはまる ○ややあてはまる ○どちらともいえない ○あまりあてはまらない ○あてはまらない	・量的な分析に利用可能 ・同じ選択肢で複数の項目について聴取したい場合はマトリクスにする ・左記の場合は順序／間隔尺度と見なされる。その他名義尺の場合も	・順序尺度として構成する場合、選択肢の方向性は要検討
複数回答	離職を決意された理由を全てお選びください □給料、報酬 □業務が多忙 □人間関係 □その他 □上記にあてはまるものはない	・序列や優先順位を確認できる ・聴き方は以下のバリエーション - あてはまるもののすべて選ぶ - あてはまるもの上位幾つか選ぶ ・得られるデータは名義尺度	・「あてはまるものはない」等の排他の選択肢を用意する ・サーベイツールによっては、分析するために加工が必要 ・選択肢の回答率の分母は、回答人数であることが多い
マトリクス	プロジェクトマネジメントの考え方・計画の立て方・実行時のポイント・評価方法・実践演習のマトリクス	・効率的に沢山の情報を得る ・回答負荷はかなり高い ・単一回答でも複数回答でも可 ・左記の場合は順序／間隔尺度 ・聴き方によっては名義尺度になる	・回答負荷が高い ・表側に並べる項目は、短文で読みやすいものにする必要がある ・表側に項目を並べ過ぎない
スライダー	0点　　50点　　100点	・直感的で、機微な回答ができる ・数値情報なので分析しやすい ・得られるデータは比率、間隔尺度	・線分で表される必要あり ・サーベイツールによっては、この機能がない場合もある
数値記入	あなたの昨晩の睡眠時間は何時間でしたか □　時間	・シンプルで回答負荷も小さい ・数値情報なので分析しやすい ・間隔尺度や比率尺度が多い	・数値表現できる設問のみ使える ・誤回答や異常な数値記入がないかチェックが必要

る。そこで付録として、よく使うサーベイの回答方法について、一覧でこちらにまとめた。サーベイを設計いただく際の「道具箱」として、ぜひご活用いただければ幸いである。

　まず、量的データを集める際には、左図のような回答方法がある。
　　二択の単一回答や複数回答は、その選択肢が選ばれたかどうかについて、選ばれていれば「1」とし、選ばれていなければ「0」として、選択肢の回答率を集計したり、統計分析に使用することが多い（いわゆる名義尺度である）。複数択の単一回答は、本書でも紹介してきた通りである。肯定と否定等、一定の方向性をもって選択肢が設けられることもあれば、単純に様々な選択肢の中から最も当てはまるものを選んでもらう聴き方がある。複数回答は、文字通り、数ある選択肢の中から、当てはまるものを「全て」あるいは「幾つか」選んでいただく回答方式である。そうした単一回答や複数回答は、マトリクスとして構成可能である。マトリクスの聴き方は様々な項目について効率的に回答が得られる反面、回答者からすると非常に回答負荷が高いため注意されたい。ここまでは名義尺度や順序尺度、間隔尺度に関する聴き方を紹介してきたが、比率尺度として量的データを得たい場合は、スライサーや数値記入といった聴き方もある。このように必要な尺度や回答負荷に照らしなが

聴き方	聴き方のイメージ	特徴	留意点
自由記述	会社に対する不満をご記入ください	・意見、生声の質的データを収集 ・自然言語処理を活用することで、量的に分析することも可能 　その場合は、キーワードの数を数えたり、記入内容の肯定や否定の程度を数値で表現することも可能	・回答負荷はかなり大きい ・回答数が多いと読み込む負荷が大きい ・記入量や内容が回答者によって様々であるため、分析しづらいこともある
情報提出	研修の事前課題を以下にアップロードください アップロード先	・成果物や資料、写真等の質的データを収集 ・研修の課題や成果物の提出、職場の危険個所を写真で提出してもらう等、様々な場面で活用される	・サーベイツールによっては、提出機能がない場合あり ・サーベイフォームにデータの格納先のURL等を掲示し、そちらに格納いただくこともある

ら、適切な回答方法を選択する必要がある。

　サーベイは質的データの収集にも活用できる。具体的には、上図のような聴き方がよく用いられる。自由記述回答が最も頻繁に用いられる方法であろう。ただし、回答負荷や分析コストが高く、何でもかんでも自由記述で聴取するサーベイでは、回答者も分析者も疲弊してしまう可能性があるため、注意されたい。特に回答者の疲弊は、正しくデータを得られなくなることに繋がる。回答を途中で止めてしまったり、回答途中で出鱈目に回答するようになってしまうリスクを考慮しておきたい。また、長大な回答時間で業務時間を奪ってしまう可能性があることも肝に銘じておく必要がある。回答者の回答時間にも、コストが発生していることは忘れずに、サーベイを設計されたい。また、何らかの成果物や写真を収集する仕組みをサーベイに組み込むこともある。オペレーショナルデータの収集のためや、研修の課題提出等で利用されることも多い。このように、質的データもふんだんにサーベイで収集できることは、ぜひデータ収集の引き出しに加えておけると良い。一方で、第2章でも述べた通り、サーベイは便利な反面、聴き方や回答者の状況次第では、不正確なデータになってしまう懸念もある。本書で提示したポイントや参考文献の注意喚起を踏まえながら、慎重に活用を行っていただきたい。

人事データ利活用原則

令和2年3月19日 制定
令和4年4月30日 改定
一般社団法人ピープルアナリティクス&HRテクノロジー協会

【前文】

　当協会は、「ピープル・アナリティクス」や「HR テクノロジー」の利活用が促進されるためには、「ピープル・アナリティクス」や「HR テクノロジー」、とりわけその際の人事データの利活用において、十分にプライバシー、人間としての尊厳、その他の権利利益が尊重されることが前提となり、それによってはじめて社会にこれらの新しい技術が受容されるものと考える。そこで、社会に受け入れられる「ピープル・アナリティクス」や「HR テクノロジー」の姿をチェックリストとして示すための、人事データ利活用原則を制定することとする。

　人事データ利活用原則は、個人情報の保護に関する法律（以下「個人情報保護法」又は「法」という。）における「個人情報」（法2条1項）のうち、従業員等に関連するデータ（以下「人事データ」という。）を対象として想定している。当協会は、人的資本情報の可視化・開示、プロファイリング等を始めとする様々な人事データの利活用に関して、以下の9原則を提言する。これらの諸原則は事業者がピープル・アナリティクスを行う、あるいは HR テクノロジーを導入する際に社会的・倫理的責任を果たす上で参照すべきチェックリストとして機能することが期待されるものである。

　人事データ利活用原則は公表時点において想定される人事データの利用を踏まえたものに過ぎず、実務においての実現可能性やデータ利活用技術の加速度的な進化に合わせて、当協会は本原則を必要に応じて見直し及び変更をしていく予定である。また、事業者も、将来の状況の変化に伴い、人事データ利活用原則の趣旨に照らして、不断にプラクティスを見直すと共に、必要に応じて変更しなければならない。

【本文】

1　データ利活用による効用最大化の原則

　　✓　事業者は、ピープル・アナリティクス又は HR テクノロジーの導入の目的・動機・利益を明確にし、データを活用する側や評価する側

だけでなく、被評価者である入社希望者や従業員等に対して提供される利益・価値を明確にすることが望ましく、情報利活用によって、労使双方にとっての効用の最大化を図るように努めなければならない。

✓ 人事データの利活用にあたっては、例えば匿名加工情報や仮名加工情報のように、データの利活用を促進する目的で個人情報保護法に設けられた諸制度を活用していくことも有用である。

2 目的明確化の原則

✓ ピープル・アナリティクス又は HR テクノロジーにおける人事データの利用目的を明確化し、利用目的の範囲内で使用しなければならず、当該利用目的は明示されなければならない。利用目的は、個別具体的に詳細な利用目的を列挙する必要まではないが、人事データがどのような事業の用に供され、どのような目的で利用されるかが従業員等にとって一般的かつ合理的に想定できる程度に具体的に特定されなければならない。そして、人事データから従業員等に関する行動・関心等の情報を分析する場合には、どのような取扱いが行われているかを本人が予測・想定できる程度に利用目的を特定しなければならない。なお、高度なプロファイリングによって、従業員等が想定しない方法でその人事データが利用される場合等には、①そもそもプロファイリングを実施しているか、②実施している場合に、いかなる種別・内容のプロファイリングを実施しているかの明示をすることが望ましい。

✓ 企業におけるピープル・アナリティクス又は HR テクノロジーの導入は利用目的の変更に該当しうるため、従前の利用目的の範囲内か（法17条1項）、変更前の利用目的と関連性を有すると合理的に認められる利用目的の変更（法17条2項）が可能かを検討しなければならない。また、併せて就業規則、個人情報保護規程等の改訂の要否を検討しなければならない。

3 利用制限の原則

✓ 利用目的の範囲を超えた利用を行う場合、予めの本人の同意（法18条1項）を取得しなければならない。

- ✓ プロファイリング結果の第三者提供の際の同意取得手続、警察等の国家機関からプロファイリング結果を求められた場合の対応方法など具体的な事例を想定して、対応方法を予め定めておかなければならない。

- ✓ Cookie やインターネットの閲覧履歴等の個人関連情報は、採用候補者等のプロファイリングに用いることも考えられるところ、個人関連情報取扱事業者がこのような個人関連情報（個人関連情報データベースを構成するものに限る。）を第三者に提供する際に、提供先において個人データとして取得することが想定されるときは、原則として、個人データとして取得することを認める旨の本人の同意が得られていることを確認しなければならない（法31条1項）。

- ✓ 違法又は不当な行為を助長し、又は誘発するおそれがある方法により個人情報を利用してはならない（法19条）。具体的には、プロファイリングの目的や得られた結果の利用方法等を踏まえて個別の事案ごとにプロファイリング利用の可否を判断しなければならず、プロファイリング実施時点において事業者の業務において要求される一般的な注意力をもってプロファイリング利用の可否を個別的に判断しなければならない。人種、信条、性別、社会的身分又は門地等に基づく差別的プロファイリングになっていないかについては、特に留意する必要がある。

4 適正取得原則

- ✓ 偽りその他不正の手段により個人情報を取得してはならず（法20条1項）、また、法定された場合を除き本人の人種、信条、社会的身分等の「要配慮個人情報」（法2条3項）を本人の同意なくして取得してはならない（法20条2項）。

- ✓ プロファイリングにより、非要配慮個人情報から要配慮個人情報に該当する情報を推知することは、少なくともピープル・アナリティクス又はHRテクノロジーの分野においては、要配慮個人情報保護の取得に準じた措置を講じるべきである。

- ✓ 求職者等の個人情報については、職業紹介事業に係る指針において、職業紹介事業者等（労働者の募集を行う者も含む。）は、原則として、①人種、民族、社会的身分、門地、本籍、出生地その他社会的差別

の原因となるおそれのある事項、②思想及び信条、③労働組合への加入状況を収集してはならないとされているところ（令和3年厚生労働省告示第162号）、プロファイリングにより、これらの情報を推知することも「収集」と同視すべきである。

✓ 事業者が本人以外の第三者から人事データの提供を受ける場合、適法かつ公正な手段によらなければならない。この場合、適法性・公正性を担保する措置として、具体的には主として本人の同意の下における収集が想定されるが、その他の適法性・公正性の担保措置（本人同意を得ることが不可能又は不適当である理由の特定、従業員等に対する利用目的の特定・明示、実施責任者及び権限の設定・明示、社内規程案の策定・周知、実施状況の監査・確認、安全管理措置の確立、データ提供元の法の遵守状況の確認等）を検討することも考えられる。

5　正確性、最新性、公平性原則

✓ 事業者が人事データに対しプロファイリング等の処理を実施する場合、元データ及び処理結果双方の正確性及び最新性が確保されるように努めなければならない。例えば、元データにバイアスがかかっていて、当該バイアスが承継される結果、処理結果の不正確性等を回避する必要がある。

✓ このようなデータセットの偏向が、バイアス承継のみならず、公平性にも影響することから、事業者は、プロファイリングに用いるデータセットについて、特定のデータセットの偏向による過少代表又は過大代表が発生していないかをチェックし、可能な限りデータセットの公平性を保たなければならない。

6　セキュリティ確保の原則

✓ 事業者がプロファイリングを実施する際は、プロファイリング結果の漏洩、滅失、毀損によって本人の被る権利利益の侵害の程度を考慮し、リスクに応じた安全管理措置を実施しなければならない。また、安全管理措置の一環として、匿名化・仮名化処理を実施することにより、本人に対するプライバシー・インパクトを低減させるための方策を採ることができるかを検討するように努めなければなら

ない。

✓ 特に健康情報（心身の状態に関する情報）等については、推知情報も含め、取扱い範囲制限、情報の削除・加工等の措置を検討すべきである。

7 アカウンタビリティの原則

✓ 事業者はプロファイリングを実施する際、プロファイリングの実施方針を公表し、組合、多数代表者等、労働者を代表する個人又は団体とプロファイリングについて協議することが望ましい。また、保有個人データの開示（第三者提供記録の開示も含む）、訂正等、利用停止等、第三者提供の停止、苦情処理の手続を整備しなければならない。

✓ 上記2のとおり、高度なプロファイリングによって、従業員等が想定しない方法でその人事データが利用される場合等には、プロファイリングの対象者に対し、①そもそもプロファイリングを実施しているか、②実施している場合に、いかなる種別・内容のプロファイリングを実施しているかの明示をすることが望ましいところ、例えば、事業者が採用時や従業員の評価にプロファイリングを用いる場合、予めその説明の内容と程度について検討すべきである。事業者は、プロファイリングを用いて試用期間開始後の本採用拒否や懲戒解雇を行う場合には、本採用拒否又は解雇の客観的に合理的理由を示さなければならない。

8 責任所在明確化の原則

✓ 人事データを取り扱う際、グローバルに多極的に変化する情勢を的確に把握し、適法かつ適正な個人の権利利益保護と利活用のバランスを実現する見地から、ピープル・アナリティクスを専門に行う部署設立及び全社的な人事データ保護の観点に責任を持つデータプロテクションオフィサー等の役職者の選任により責任の所在を明確にするなどの組織体制を確立する。具体的には、①データ活用に関する責任の明確化、②専門部門による審査の厳格化、③データ利活用に関する判断基準やルールの整備を行い、部門間の垣根を越えた利活用に関する審査、検討、設計及び運用を行わなければならない。

9　人間関与原則

✓　採用決定、人事評価、懲戒処分、解雇等にプロファイリングを伴う
ピープル・アナリティクス又は HR テクノロジーを利用する際には、
人間の関与の要否を検討しなければならない。具体的には、ピープ
ル・アナリティクス又は HR テクノロジーを導入・利用する際の利
用目的・利用態様について事前に人間による大綱的な方針決定を行
うと共に、事後的な完全自動意思決定に対する不服申立てがあった
場合に人間による再審査を行う方法などが想定され、最終的な責任
の所在としての人間の存在を明確にし、アルゴリズムのブラック
ボックス性による無責任なデータ活用観が回避されるよう運用され
なければならない。

以上

■ 著者紹介

岩本 慧悟（いわもと けいご）

一般社団法人ピープルアナリティクス&HRテクノロジー協会　研究員

株式会社ZENKIGEN　研究員

東洋大学大学院社会学研究科博士前期課程修了。新卒で、ディップ株式会社にデータアナリストとして入社。ピープルアナリティクスの推進や、営業行動データ解析、マーケティング調査等を担当。その後、パーソル総合研究所やカオナビHRテクノロジー総研の研究員として人事領域での調査研究活動に従事。2021年から採用DXの「harutaka（ハルタカ）」や1on1改善サポートAI「revii（リービー）」を提供するZENKIGENの研究員として、採用面接や職場でのコミュニケーションに関する研究を行なっている。また、東洋大学大学院の博士後期課程にも在籍し、上司による部下のストレス状態の推測に関する実証研究も行なっている。専門は、産業・組織心理学、社会心理学。本書では、第3章・第4章・第5章（事例5-1）の執筆を担当。

著書：『日本的ジョブ型雇用』（分担執筆・日経BP 日本経済新聞出版本部）、『未来思考の心理学　予測・計画・達成する心のメカニズム』（分担翻訳・北大路出版）、『現代人のこころのゆくえ6－ヒューマン・インタラクションの諸相』（分担執筆・21世紀ヒューマンインタラクションリサーチセンター）

藤澤 優（ふじさわ まさる）

一般社団法人ピープルアナリティクス&HRテクノロジー協会　研究員

大阪大学大学院人間科学研究科博士前期課程修了。修了後は、マーケティングリサーチサービス関連企業に入社。様々な商品のリサーチ企画やデータ分析、レポーティング業務に従事。その後、人材サービス関連企業、飲食サービス関連企業にて、タレントマネジメント施策の企画・運用、人事情報システムやHRテクノロジーの導入企画や保守、ピープルアナリティクスの実務、及びその推進に向けた戦略の策定に関わる。本書執筆時点では、複数の企業のピープルアナリティクスの推進を支援しながら、本業は自動車部品製造企業のピープルアナリティクスの推進担当として、様々な人材と組織の「理解」と「実装」のためのプロジェクトに従事。本書では、第1章・第2章・第5章（事例5-2、5-3、5-4）・第6章の執筆を担当。

一般社団法人ピープルアナリティクス&HRテクノロジー協会

人材データを分析・可視化して人と経営の未来に活かすピープルアナリティクスと、それを牽引するHR（Human Resource）テクノロジーを普及・推進することを目的とし、その目的に資するためにピープルアナリティクス及びHRテクノロジーに関する事業を行う団体。

実践ピープルアナリティクス

人材と組織を理解するための道具箱

2023年4月10日　初版第1刷発行

著　者——岩本慧悟、藤澤 優
　　　　© 2023 Keigo Iwamoto /© 2023 Masaru Fujisawa
編　者——ピープルアナリティクス& HR テクノロジー協会
発行者——張 士洛
発行所——日本能率協会マネジメントセンター
〒103-6009 東京都中央区日本橋2-7-1　東京日本橋タワー
TEL 03(6362)4339(編集)／ 03(6362)4558(販売)
FAX 03(3272)8128(編集)／ 03(3272)8127(販売)
https://www.jmam.co.jp/

装　　丁——岩泉卓屋（Izumiya）
本文DTP——株式会社森の印刷屋
印　刷　所——広研印刷株式会社
製　本　所——東京美術紙工協業組合

ISBN 978-4-8005-9092-3 C2034
落丁・乱丁はおとりかえします。
PRINTED IN JAPAN

ピープルアナリティクスの教科書
組織・人事データの実践的活用法

ピープル
アナリティクス
の教科書

組織・人事データの
実践的活用法

一般社団法人
ピープルアナリティクス＆
HRテクノロジー協会
著

北崎 茂
編著

データドリブン型
人事への変換

人の成長を科学的に支援する最新技術

The Basic Textbook of
People Analytics

企業事例
9社
掲載

日本能率協会マネジメントセンター

**一般社団法人ピープルアナリティクス＆HRテクノロジー協会 著
／北崎 茂 編著**

A5版並製／264ページ

■働き方改革のキーテクノロジー

ビッグデータとAIが人材マネジメントの世界を大きく変えようとしています。

その主役となるのが、社員の行動データを収集・分析して、生産性の高い人材と組織に成長させる技術であるピープルアナリティクスです。

この技術は既に欧米ではGAFAをはじめ多くの先進企業で導入され、成果を発揮しています。

本書は、このテーマの第一人者たちが日本企業に向けて、実践法を解説します。

日本能率協会マネジメントセンター